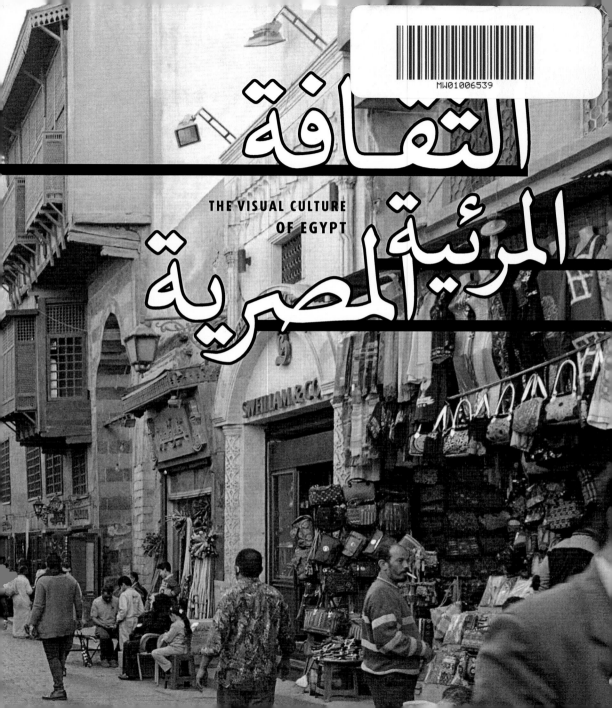

الثقافة المرئية المصرية

THE VISUAL CULTURE
OF EGYPT

AL-MOEZ STREET, ISLAMIC CAIRO, OLD CAIRO

شارع المعز لدين الله، القاهرة الإسلامية، مصر القديمة

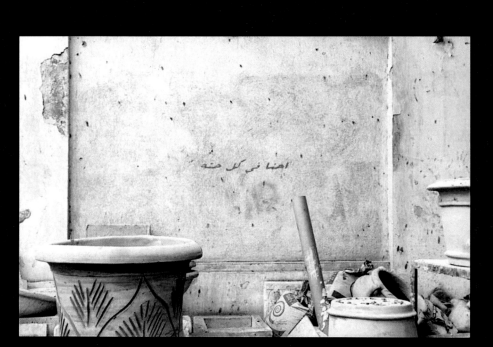

احنا في كل حتة

WE ARE EVERYWHERE

الفهرس

إن أجمل الأشياء هي التي يقترحها الجنون وينفذها العقل

FOREWORD

By Ahmad Saqfalhait

This book is not another coffee-table design book: It is a declaration of design independence of the youth who witnessed the political and social changes that took place in Egypt in 2011, which affected their perspective and mindset about their relationship with their city and heritage. This special state attracted me as a designer to move to Egypt and teach graphic design at the German University in Cairo where I met the author.

"Absolute Egypt" belongs to a new era where the Egyptian youth started to take the lead in projecting their visual narratives to the public and appoint themselves as their new custodians. The subject of the book covers vernacular, functional, and popular designs, with a mix of high and low craft level, or "academic" and "non-academic" design. All of this brought into one publication gives the reader a unique chance to understand the dynamics of highly-dense societies where various demographics collide in certain areas, overlap in others, and in some parts, never meet.

The book also falls under the category of research-oriented projects, and is about dynamic vernacular graphic designs found in Egypt with a focus on Cairo, which is a topic that hasn't been tackled enough by students, in comparison to solution- or service-oriented design projects. I have had the pleasure of discussing the topic with the author at an early stage, and my main advice to her was to be as objective as possible and to project the context of the subject whenever needed, which I was glad to see in the final outcome.

Design books written by Arabic authors are scarce; however, they are on the rise, thanks to the great efforts of the Khatt Foundation who has been an avid publisher for books focused on Arabic Design and Designers, and most importantly, has supported young and emerging designers and design researchers such as the author of this book. With more similar books being published, new design students and young designers from the region will be inspired to contribute more to their local narrative, in an objective way, and consequently, evolve Arabic design further on a regional level.

Visual culture is a sensitive subject to research or work on, for the uninformed designer can easily fall into the common mistake of cultural appropriation, which happens when a designer utilizes elements from other cultures loosely and insensitively. However, there is a difference between cultural appropriation and cultural appreciation, the latter dating back to ancient times, when different civilizations exchanged knowledge and resources through either economic or political relations, helping their culture prosper and evolve.

One thing I learned from studying design in Tokyo's Tama Art University was how Japanese design succeeded considerably in progressing while maintaining its unique identity, by hosting other design concepts from China and Korea and treating them as respectful guests on several occasions. This relationship between host and guest is crucial, with the host attaining their unique character while having the guest respecting the existing ways of life, which helps avoid cultural appropriation.

One example of how a single commodity can affect the visual culture would be when Japan imported tea from China in the 12th century. This act brought along many designed objects, philosophies, and rituals related to tea. The tea and its elaborate preparation process became

الفلسفة والطقوس الخاصة به، إلا أن الشاي وخطوات تحضيره أصبحت يابانية مع الوقت على الرغم من وجود العديد من العناصر الأجنبية فيها والتي لعبت دوراً مهماً في تطور التصميم الياباني نفسه. وبالمثل، قامت مدن الخليج؛ التي قمت بزيارتها والإقامة بها؛ باستيراد بعض العناصر التي مكنتهم من تحديد هويتهم وتطوير تصميمهم المحلي بشكل ملحوظ.

يوجد مثال آخر بمنطقة الخليج في عُمان حيث سنجد الوشاح المزين بنقوش نباتية تابعة لمنطقة الشرق الأدنى ويستخدم كرداء الرأس الرسمي والمعروف باسم «مَصَرّ» ويتم تثبيتها على قبعة من أصل بنجلاديشي وتعرف هناك باسم «الكُمَّة». دخلت هذه العناصر وتصميمات لأشياء أخرى إلى حضارات العالم القديم من خلال موانئ التجارة البحرية لتُكوِّن هذا الزي العماني الفريد والذي لازال يحتفى به إلى يومنا هذا.

أما بالنسبة إلى ثقافة مصر المرئية، فقد حظيت بفترات حكم متباينة أثرت عليها بشكل ودي من خلال المهاجرين والتجار أو قصري بسبب سياسات حكام العصر المصري القديم إلى العصور ما قبل وبعد الإسلام. وهذا ما جعلها إحدى أهم الأمثلة على تطور التصميم ويأتي هذا المثال في صورة مجموعة متشابكة من أنماط اللغات المرئية الناتجة عن تبني هذا التنوع الثقافي. حوَّل هذا التنوع مصر إلى مرجع مهم للمصممين والطلاب ليقوموا بالبحث وابتكار تصميمات جديدة.

كما أن التواصل المرئي بين أطراف المجتمع المصري هو فريد من نوعه. نُلاحظ هذا بينما نرى بعض التصميمات تضرب بكل مبادئ التصميم الأكاديمي عرض الحائط ولكنها تنجح في النهاية بتوصيل رسالتها بوضوح ويُعَد هذا بمثابة معادلة متغيرة في التصميم؛ فهي تلتزم بالتغيرات السريعة وكل ما هو شائع بوسائل الإعلام سواءً كانت عبارة عن مطبوعات رقمية أو متحركة مثل منشورات المعايدة على وسائل التواصل الاجتماعي وتصميمات حافظات الموبَيل أو الإعلانات المبدعة على الحوائط مثل الإعلانات البرونزية اللامعة التي يختار ألوانها مدرسين اللغة الإنجليزية أو الرياضيات ليلاحظهم الناس بين الزخم البصري. في هذه البيئة الغنية، يمتلك صغار المصممين المصريين قدراً كافياً من الموارد ليُنتجوا العديد من التصميمات عبر علاقتهم الحميمة ببيئتهم. ولكنه يصعب على الزائر الأجنبي فِهم أو استشعار تلك العلاقة بنفس منظور المصري لأنه سيكون غارقاً بطبيعة الحال في الجمال الكامن في تفصيلاتها العديدة.

لازالت مصر تكتسب طبقات جديدة وتضيفها إلى ثقافتها المرئية إلى يومنا هذا. الطبقة الأحدث تكمُن في تأثير السوريين الذين أضافوا نكهة جديدة للغتها المرئية. نرى الآن عدة لافتات للبائعين مكتوبة بأسلوبهم المتميز في التواصل يروّجون فيها لأعمالهم التي تستهدف المصريين ولكن في نفس الوقت تعكس هويتهم السورية في سياق جديد. في حال حدوث ذلك مع الاحترام المتبادل بين الثقافتين سيؤدي إلى استمرار تطور الثقافة المصرية.

أخيراً أود أن أدعوكم أن تمتعوا نظركم بكتاب «مصر في المطلق» لتشهدوا دليلاً مرئياً فريداً من نوعه لتصميمات ديناميكية وعاميّة ووظيفية. مع مرور الوقت، تزداد قيمة الكتاب نظراً لاستمرار تطور اللغة البصرية، والذي بدوره يساعد القارئ على تذوق جمال اللغة البصرية لمصر.

over time very unique to Japan, despite having many foreign elements, and played an important role in the evolution of Japanese design itself.

Similarly, the Arab Gulf states, where I lived and visited, have imported elements which helped them define their identity and evolve their local design. One example from the Gulf region can be found in Oman, where the paisley-adorned scarf from India is used as a formal headpiece known as "Massar," which sits on the cap that is originally from Bangladesh, known as "Kumma." These elements and other designed items were introduced early through maritime trade routes, to form the unique Omani attire that is still celebrated today.

When it comes to Egypt's visual culture, it has a long list of contrasting reigns, accumulated visual influences, and elements, whether hosted amicably by immigrants and merchants or imposed politically by the various rulers, from Ancient Egypt to all the Pre- and Post-Islamic eras. This made it one of the most elaborate examples of design development, in the shape of a dense mosaic of visual languages caused by welcoming this cultural diversity. This turned Egypt into a great source for designers and design students to research and build new designs.

Furthermore, the visual communication of Egyptian social demographics is also unique, as we see various examples of non-academic designs succeed delivering their message clearly. This follows an ever-changing design formula that adheres to the fast-paced trends of the media, be they print, digital, or time-based. We can see this in, for example, holiday greetings posts on social media, elaborate mobile case designs, or the occupation of empty walls using mixed media and innovative visual techniques, such as the "bronze-glitter" advertisements that English or Math tutors opt for, to reach their audience amidst the city's visual noise and clutter.

While living in this rich context, young Egyptian designers have sufficient design resources, causing many designs to emerge from their intimate relationship with their environment. This relationship, however, cannot be understood or experienced in the same way by a foreign visitor, who would normally be overwhelmed by the sheer volume of intricate underlying beauty.

Up to this very day, Egypt keeps on acquiring new layers to its visual culture. The most recent layer is the Syrian one formed by those who made Egypt their second home. This gave them the chance to add a new texture to Egypt's social fabric, and consequently add a new flavor to its visual language. We can see numerous retail signs with their unique communication style that promote their new businesses, targeting locals, yet manifesting their Syrian identity in a new context. When this is done with mutual respect, it will support the continuous evolvement of Egyptian culture and other cultures that follow the same formula.

Finally, I invite you to feast your eyes on the "Absolute Egypt" book, to witness the unique visual manifestation of the dynamic vernacular everyday designs. Such publication increases in value with time, for the subject is constantly evolving and offers a better visual understanding and appreciation of Egypt.

تمهيد

بقلم أحمد سقف الحيط

هذا الكتاب ليس فقط كتاب آخر من كتب التصميم المسلية وإنما هو تعبير عن استقلال المصممين الشباب الذين شهدوا التغييرات السياسية والمجتمعية التي حدثت في مصر عام ٢٠١١. والتي أثرت بدورها على منظورهم وطريقة تفكيرهم حول علاقتهم بمدينتهم وتراثهم. كان هذا هو السبب الذي جذبني كمصمم للانتقال إلى مصر لتدريس التصميم الجرافيكي بالجامعة الألمانية في القاهرة حيث قابلت المؤلفة.

ينتمي «مصر في المطلق» إلى عصر جديد يبادر فيه الشباب بسرد رواياتهم البصرية ويستأمنوا أنفسهم عليها. يحتوي الكتاب على تصميمات محلية وشعبية، جمالية ووظيفية؛ تمزج بين الحرفية ذات المستوى الرفيع وغير الرفيع؛ ذات طابع أكاديمي وغير أكاديمي. يمنح كل هذا المحتوى في كتاب واحد فرصة مميزة للقارئ ليستوعب ديناميكيات مجتمع هائل تصطدم فيه مختلف التركيبات السكانية بأحياء معينة، حيث تتداخل ببعض المناطق ولا تتقابل بأخرى.

يندرج هذا الكتاب ضمن فئة مشاريع البحث التصميمي، ويدور حول التصميمات الجرافيكية المحلية والشعبية المتواجدة في مصر والتي تركز على القاهرة وهو موضوع لم يتم التطرق له بكثرة بين الطلاب بالمقارنة مع مشاريع التصميم التي تحاول إيجاد حلول تصميمية لمشاكل اجتماعية. كان من دواعي سروري أن أناقش موضوع الكتاب مع المؤلفة في مرحلة أولية وكانت نصيحتي لها أن تكون موضوعية قدر الإمكان وأن تقوم بتوضيح سياق المواضيع المطروحة قدر الإمكان وهذا ما أسعدني رؤيته بالعمل النهائي.

تعتبر كتب التصميم التي يكتبها المؤلفين العرب نادرة ولكنها في تزايد بفضل الجهود الهائلة التي تقوم بها «مؤسسة خط» وهي ناشر متحمس لكتب التصميم العربي والمصممين العرب وقامت أيضاً بدعم المصممين والباحثين الصاعدين في مجال التصميم مثل مؤلفة هذا الكتاب. هذه الكتب مهمة لإلهام طلبة التصميم الجدد كي يسردوا ما حولهم بطريقة موضوعية مما سيساهم في تطوير التصميم العربي على المستوى الإقليمي والمحلي.

تعتبر الثقافة المرئية موضوع شائك لكل من أراد البحث أو العمل عليه بسبب سهولة وقوع المصمم غير المطلع في خطأ شائع وهو الاستحواذ الثقافي. يقع المصمم في هذا الخطأ في حالة تبني عناصر ثقافات أخرى بشكل طليق ودون مراعاة. يوجد فرق بين الاستحواذ الثقافي والتقدير الثقافي الذي يرجع إلى العصور القديمة عندما كانت الحضارات المختلفة تتبادل المعرفة والموارد عبر العلاقات الاقتصادية أو السياسية وذلك لمساعدة ثقافتها على النمو والازدهار.

تعلمت عند دراستي للتصميم بجامعة تاما للفنون في طوكيو كيف نجح التصميم الياباني في النمو والحفاظ على هويته الفريدة في نفس الوقت عن طريق تبني مبادئ التصميم من الصين وكوريا ومعاملتهم كضيوف شرف في أغلب الأحيان. تلك العلاقة وهي علاقة المضيف والضيف هي علاقة بالغة الأهمية وكذلك إبقاء المضيف على شخصيته الفريدة واحترام الضيف لطرق الحياة القائمة مما يؤدي إلى تجنب خطأ الاستحواذ الثقافي.

يمكن لأبسط الأمور أن تغير الثقافة المرئية للغاية؛ على سبيل المثال، عندما قامت اليابان باستيراد الشاي من الصين باعتباره من السلع الأساسية النادرة في القرن الثاني عشر، قاموا أيضاً باستيراد العديد من الأدوات المصممة لتحضيره، بالإضافة إلى

COVERTINA STREET, EIN SHAMS AREA, OLD CAIRO

شارع كوفرتينا، منطقة عين شمس، مصر القديمة

INTRODUCTION

Our design is an expression of our time.

When you walk the streets of Cairo, you are quickly fascinated by its polarizing visual sensations. The city of Cairo overwhelms you with its noise, people bumping into you, smells of different food and drinks, its unique visual scene in the form of striking hand-lettered signs, folkloric food carts, expressive wall paintings, floating random baby faces on price tags, an overall sense of spirituality and warmth, and streets covered in dust and affected by the all-year-round sunlight. The exotic and diverse traits of Cairo can be traced back to its history of exposure to various cultures, including the Pharaonic, Greek, Coptic, Islamic and Western civilizations, which created a unique fusion.[1] This book is a brief archive of this hybrid Egyptian visual culture.

Absolute Egypt is a documentation that takes you on a tour through Egypt's streets by showing a large array of everyday designs, specifically vernacular designs. We start this tour by introducing the general elements used in the designs including colors, symbols and patterns, then we investigate the public designs found in the streets that are unique for their vibrant exotic Cairo beats, with the impact of the local climate adding a final touch, as shown in retail and informal signs. Finally, we present printed matter including novels, newspapers and religious prints that are more subtle, organized and systematic compared to public designs.

To understand Cairo's design products, we need to understand the city's historical background. Cairo is the capital and the heart of Egypt. It is the largest city in the Middle East and Africa with a population estimated at twenty million citizens.[2] The visual culture we see today was affected by its rapid growth which made complexity part of its identity. About fifty years ago, the economy had a radical shift that caused many peasants to move to the city, which contributed to the emergence of unplanned informal dwellings during the 80s. The economic shift also increased emigration of Egyptians seeking work in the rich Gulf countries. These changes caused a deterioration in living conditions and the infrastructure of the older parts of Cairo, while the governmental inconsistent approach towards urban planning lead to the coexistence of big skyscrapers and huge malls right beside random dwellings.[3] These waves of the mobility of people, goods and ideas in and out of Cairo have made this city the visual essence and representation of Egypt and made Cairo the center of culture, economy and governmental institutions.[4] That's why this book is not called 'Absolute Cairo', but 'Absolute Egypt' since Cairo is a pivotal representation of what is commonly seen across the entire country. Cairo is, believe it or not, referred to by Egyptians as 'Egypt' and not 'Cairo'.

In this research, we identified as graphic design anything in the environment that constitutes a visual mark on a surface, including carvings, writings, drawings, and prints, and that carries some of the basic elements of graphic design, like colors, shapes, type, and images, whether in two-dimensional or three-dimensional forms. Initially, the project's scope was only focused on anonymous vernacular street designs, including popular, folkloric, or high style design developed mostly by anonymous artists and designers. Later it was expanded to researching the role of graphic design in our everyday life, and thus including also the work of professional calligraphers or layout designers, as can be found on road signs, religious prints, and currency. But the work of professional advertising studios, like

ففي مجال التعليم الأكاديمي وأعمال التصميم المحترفة، كثيراً ما تهمش هذه التصاميم لأنها لا تتبع المعايير الأكاديمية والتوجهات العالمية للتصميم أو لأنها قديمة من الناحية التكنولوجية. من المثير للسخرية، أنه كان لدي سابقاً هذا الاعتقاد الخاطئ عن بيئتي، فلقد أردت أن أغيرها لتصبح أكثر التزاما بنظريات التصميم الجرافيكي الأكاديمية. ولكن بمجرد أن بدأ البحث، بدأت أن استمع إليها وأفهم قصتها، أصبحت أكثر انبهارا بالحلول غير العادية الجريئة والإيضاحات المدهشة التي تكشفها عن شعبي. وقد علمني هذا أن استبعاد أي نوع من التصميم يعرقل فنان المرئيات من الاستكشاف والنمو. لذلك، أقدم هذا الكتاب ليس فقط كباحثة ولكن كأحد البنات الفخورات بهذه الثقافة، التي لحسن حظها استطاعت الحصول على فرصة تلقي تعليم أكاديمي في التصميم وبالتالي اكتسبت القدرة على فهم واستيعاب ثقافتها البصرية الخاصة من منظور مهني. ولقد صقلت هذا القدرة المهنية المكتسبة هدف هذا المشروع لجمع وفهم هذه التصاميم والاعتراف بها، لأنها قدمت لي الفرصة للإجابة على أسئلتي كمصممة مصرية، وساعدتني على فهم الثقافة البصرية المحيطة بي التي شكلت هويتي، بطريقة مباشرة وغير مباشرة.

هذا الكتاب هو شخصي جدا، فهو يحتوي على أجزاء من حياتي شابة في مصر. يقدم هذا الكتاب بعض الوثائق الرسمية الشخصية مثل شهادة ميلادي المصرية وبطاقة الرقم القومي الشخصية ورخصة قيادة والدي الراحل وجواز سفري (صورتي محرجة، أنا أعرف). كما يقدم الكتاب أول طبعة للقرآن التي حظيت بها وأنا طفلة والذي علمني كل من كلمات الله والرياضيات (من خلال وجود جدول الضرب في صفحتها الخلفية، ص ١٧٨). ويحتوي هذا الكتاب أيضاً على لحظات من الضحك بسبب بعض التلاعبات بالكلمات المضحكة، مثل وضع كلمة «الغذاء» في وعاء عند كتابة عبارة «القراءة هي غذاء العقل» (ص ٧٨)؛ ولحظات تساؤل مثل «لماذا على معرض بيع السيارات أن يضع كل شعار لكل صانعي السيارات على لافتة محله؟"؛ ولحظات دهشة عند رؤية سيدة فرعونية عارية تماماً في رسمة فسيفساء على جدران مترو الأنفاق والتساؤل كيف يمر بها المصريين المحافظين كل يوم دون الاعتراض عليها (ص ٦٤). يحتوي الكتاب أيضاً على مجموعة والدي الراحل من الطوابع، والكتاب المقدس الخاص بوالدة صديقي الراحلة (الإنجيل الأسود، ص ١٨٣)، بالإضافة إلى أنني أظهر باستمرار في العديد من الصور كانعكاس في خلفياتها.

في النهاية، لا ينبغي النظر إلى هذه التصاميم فقط على أنها مرئيات جمالية جذابة، ولكن أيضاً على أنها سرد لهذه الثقافة مبني على البحث والتفكير. فهي توفر إيضاحات حول آخر التطورات والميول البصرية الجديدة للشعب المصري، والتي يمكن أن تلهم تسلسلات أصلية جديدة من الأفكار والنظريات، وتحفز محادثات عميقة حول هذه الثقافة. لحسن الحظ، هناك اهتمام وتقدير متزايد بأهمية ثقافتنا المرئية في وسطنا التصميمي المصري ويعد هذا الكتاب أحد ثماره. لقد أصبحنا أكثر انتباهاً ووعياً لما تعنيه الثقافة بالنسبة لنا والصدارة التي تمنحنا إياها كمصممين عرب وشرق أوسطيين. لذلك، سواء كان هدفنا هو توثيق هذه الثقافة أو التحقيق فيها أو المساهمة فيها، نحتاج إلى أن نكون دائماً أكثر وعياً وتعاطفاً وتفكُراً حول بيئتنا البصرية، وربما في مرحلة ما، نبث معاني جديدة في تصاميم جديدة. لأنه عندما يأتي الوقت وتتغير ثقافتنا البصرية، فإنها سوف تتطور حين إذٍ نتيجة مساهماتنا اليقظة وليس نتيجة كسلنا.

إنها رواية التصميم الجرافيكي لحكاية ثقافة.
إنها مصر في المطلق.

المصادر على صفحة ١٦

billboards, were deliberately excluded since they tell more about global design trends than about the local approaches to design. Fifty-year-old designs (local or imported) are also included since we are considering them as part of the contemporary and local Egyptian culture if they are still in use, at the time and place of the research.

This book's field research started quite intuitively. I embarked on a long journey through the busy streets of Cairo, documenting with my lens anything that could be categorized as graphic design. It was funny that while photographing, I have been stopped by some people and asked in an aggressive tone: "Hey, Miss, what are you doing?!". These people were scared that I might be a member of a kind of Mafia, an alien secret service member from outer space, who will put them in danger by sending back a picture of their grocery shop's retail sign to an alien mother-ship. Of course, even if they were not from the neighborhood, they just wanted to protect themselves and their properties from a stranger with a camera because they usually didn't understand why anyone would want to photograph such "mundane" things. At the same time, the kind words of other people saying: "God be with you, my child" once they knew my story, drew a smile on my face and made this process rather easy and welcoming.

The research was carried out mainly in 2017 and extended slightly to the completion of this book. It covered many locations in Cairo, most notably in downtown Cairo, including Al-Tahrir square, Al-Moez street and Nasr City. The research focused on the older central areas of Cairo, some of which date back more than 1000 years, and those were poetically described by many authors for their beloved folkloric maze. However, Cairo's borders expanded beyond those areas. In the 1960s, the city underwent an urban expansion further away from its historical Islamic and colonial areas to newer modern ones, which created a phenomenon socially described by the book, The Literary Atlas of Cairo, as "the unfortunate urban individuals are occupying the center of the city while the wealthier ones push its gates further and further away."[5] As a result, this created two different faces of Cairo: the traditional local central face with mostly Egyptian goods and stores, and the modern, wealthier and globalized face, less than forty years old with mainly imported goods and franchised international outlets. This latter's most recent example is El-Tagamoa El-Khames city. We rarely see the spontaneity in design of the older Cairo in the newer areas since the latter are highly monitored which leaves little room for individual manifestations. The rather chaotic older Cairo offers space for unorthodox applications and resourceful visuals, such as random religious phrases or wall graffiti. The residents of those areas practice design and visual expression with no formal design education but more intuitively through trial and error, and the results often work perfectly fine.

Since this book is presenting the more spontaneous and exotic face of Cairo, it tries to express that through its seemingly imperfect and random layout design. This collection of designs is a part of Egypt and therefore it behaves as such by not forcing a specific order on its different, irregular designs and allowing the nature and the needs of each design to dictate the logic of its section, and collectively, the whole book. For instance, the retail signs have different notable production methods to be categorized, whereas street structures have no specific production methods and each structure is individual and unique in its design. Therefore, we can sometimes see explanations of the color meanings, the analysis of newspaper grids, explanations about religious doctrines, or just a presentation of a collection of book covers.

While studying graphic design, I did not understand the general disregard and prejudice of some professionals

ولكن استبعدنا تصميمات استوديوهات الإعلانات المحترفة، مثل لوحات الإعلانات الكبيرة، لأنها تمثل موضات التصميم العالمية أكثر مما تعرض نُهج التصاميم المحلية. وعلى صعيد آخر، عندما نعرض تصاميم عمرها خمسون عاماً (محلية أو مستوردة)، فنحن نعتبرها جزء من الثقافة المحلية المصرية المعاصرة إذا كانت لا تزال قيد الاستخدام خلال البحث.

بدأ البحث الميداني لهذا الكتاب بشكل حدسي، حيث شرعت في رحلة طويلة عبر شوارع القاهرة المزدحمة أوثق بعدستي أي شيء يمكن أن يصنف كتصميم جرافيكي. الطريف أنه أثناء التقاطي بعض الصور، اعترض طريقي بعض الناس وسألوني: «يا آنسة، إنتي بتعملي ايه؟!» بنبرة صارمة، ظناً منهم أنني أنتمي لنوع ما من المافيا، أو لجهاز استخبارات فضائي وأنني سوف أضعهم في خطر بإرسال صورة لافتة محل بقالتهم إلى سفينتي الفضائية الأم. بالطبع هؤلاء الناس، حتى وإن كانوا ليسوا مقيمين بالمنطقة، فقط يريدون حماية أنفسهم وممتلكاتهم من شخص غريب يحمل آلة تصوير لأنهم في الأغلب لا يفهمون لماذا يريد أحد ما أن يصور أشياء "عادية" كهذه. ولكن في نفس الوقت، الكلام الرقيق لبعض الناس: «ربنا معاكي يا بنتي» فور معرفتهم قصتي رسم الابتسامة على وجهي وجعل رحلتي أسهل وأكثر ترحيباً.

تم إجراء البحث بشكل رئيسي في عام ٢٠١٧ وامتد قليلاً إلى انتهاء هذا الكتاب. ولقد غطى العديد من المواقع في القاهرة، أبرزها في وسط القاهرة، ومناطق مثل ميدان التحرير، وشارع المعز ومنطقة مدينة نصر. ركز البحث على المناطق الوسطى القديمة في القاهرة، والتي يعود تاريخ بعضها إلى أكثر من ١٠٠٠ عام، والتي وصفها العديد من المؤلفين بطريقة شاعرية على أنها متاهتهم الفولكلورية المحبوبة. ولكن في الستينيات، شهدت المدينة توسعاً حضرياً بعيداً عن مناطقها التاريخية الإسلامية والاستعمارية وإلى مناطق جديدة أكثر حداثة، ما أدى إلى خلق ظاهرة وصفها كتاب «أطلس القاهرة الأدبي» من منظور اجتماعي بالقول: «الأفراد الحضريون غير المحظوظون يحتلون وسط المدينة في حين أن الأغنياء يدفعون بواباتها أبعد وأبعد».[٥] أدى ذلك إلى خلق وجهين مختلفين للقاهرة: الوجه المركزي المحلي والتقليدي، المكون من بضائع ومحلات أغلبها مصرية، والوجه الحديث الأغنى والأكثر عولمةً، والذي لا يزيد عمره تقريباً عن الأربعين عاماً ويعتمد بشكل رئيسي على السلع المستوردة والمحلات العالمية، وأحدث مثال على الأخير هو مدينة التجمع الخامس. نادراً ما نرى عفوية تصاميم القاهرة القديمة في المناطق الأحدث لأن تلك المناطق الجديدة تخضع لمراقبة عالية مما يترك مجال ضيق للإبداع الفردي والعشوائي في حين توفر القاهرة القديمة الفوضوية مساحة للتطبيقات غير التقليدية والمرئيات الغنية، مثل العبارات الدينية العشوائية أو الجرافيتي. يمارس سكان تلك المناطق التصميم والتعبير البصري بطريقة معتمدة على التجربة والخطأ أكثر من اعتمادها على التعليم الرسمي للتصميم، والناتج التصميمي غالباً ما يؤدي غرضه بنجاح.

وبما أن هذا الكتاب يقدم الوجه الأكثر عشوائية وعفوية للقاهرة، فإنه يحاول التعبير عن ذلك من خلال تصميم صفحاته التي قد تبدو غير مثالية أو عشوائية أحياناً. هذه المجموعة من التصاميم جزء من مصر، وبالتالي فهي تُعرض كذلك من خلال عدم فرض نظام محدد على تصاميمها المختلفة والغير منتظمة عن طريق السماح لطبيعة وغرض التصميم أن يحدد منطق تسلسل قسمه، وبالتالي الشكل الأخير للكتاب ككل. فعلى سبيل المثال، لدى لافتات المحلات طرق إنتاج مختلفة وملحوظة ليتم تصنيفها بناءً عليها، في حين أنه ليس لدى بُنيات الشوارع طرق إنتاج محددة ولكن لكل بُنية طريقتها الفردية المختلفة عن نظيراتها. لذلك، يمكننا أن نرى في بعض الأحيان تفسيرات معاني الألوان، وتحليل الأنظمة الشبكية للصحف، وشرح عقائد الديانات، وعرض فقط مجموعة من أغلفة الكتب.

أثناء دراستي للتصميم الجرافيكي، لم أستطع فهم التجاهل العام والتحيّز من قبل بعض المهنيين تجاه التصميم المصري الشعبي والفلكلوري.

towards vernacular and folkloric Egyptian design. In formal education and design business, these designs are often marginalized as not meeting academic standards and global trends or being technologically outdated. Ironically, I initially had the same misconception about my own environment and I wanted to change it to become more compliant with academic graphic design theories. But once the research started, I started listening and understanding its story and I became more fascinated by the bold unusual solutions and the amazing insights it reveals about my people. This has taught me that excluding any kind of design prevents a visual designer from exploring and growing. Therefore, I present this book not only as a researcher but as a proud member of this culture, who luckily got the chance to receive a formal design education and therefore was able to investigate her own visual culture from a professional perspective. This fueled the project's objective to collect, understand and acknowledge these designs because it presented an opportunity to answer my questions as an Egyptian designer, and helped me understand the visual culture that surrounds me and that has shaped who I am, directly or indirectly.

This publication is quite personal. It encompasses parts of my young adult life in Egypt. It presents some of my official documents like my Egyptian birth certificate, my national ID card, my late father's driver's license and my passport (my photo is embarrassing, I know). It also presents my first childhood Quran that taught me both the words of God and math (through having the multiplication table on its inside back cover. p. 178). This book holds moments of laughter caused by some funny puns, like putting the word "food" in a bowl when lettering the words "reading is the food of the mind" (p. 78); or moments of questioning of "why would an automobile store feel the need to put every logo of every car manufacturer ever on its retail sign?"; or moments of amazement at seeing a completely naked lady in a mosaic illustration on the subway walls and wonder how did conservative Egyptians pass by it every day without complaints (p. 64). The book contains my late father's collection of stamps, the bible of my friend's late mother (the black bible on p. 183), and myself appearing in person in many images while taking them as a reflection in their backgrounds.

At the end, these designs should not only be viewed as aesthetically appealing visuals but also as a research-based narration of this culture. They provide insights into the new, evolving visual tendencies and preferences of the Egyptian people, which can inspire new original chains of ideas and theories, and motivate in-depth conversations regarding this culture. Fortunately, the Egyptian design community has a growing interest and appreciation of its visual culture and this book is one of its fruits. We are becoming more attentive to what culture means to us and the visual edge it provides us as Arab and Middle-Eastern designers. Therefore, whether our aim is to document, investigate or contribute to this culture, we need to constantly be more aware, empathetic and reflective about our respective visual landscapes and maybe at some point, breathe new meanings into our new designs. So when our visual cultures change, they would develop as a result of our attentive contributions and not as a result of our passiveness.

This is how graphic design tells the story of a culture. This is Absolute Egypt.

1. The web portal of the governorate of Cairo: cairo.gov.eg.
2. worldpopulationreview.com.
3. Samia Mehrez. The literary atlas of Cairo:
One Hundred Years on the Streets of the City. First edition.
Cairo: El-Shorouk publishing house, 2012.
4. Ibid. cairo.gov.eg.
5. Ibid. Mehrez.

المقـــــدمة

تصميمنا يعبر عن واقعنا

عندما تتجول بين شوارع القاهرة، سرعان ما تغمرك بيئتها بالضجيج، يصطدم بك الزحام، وتشتم روائح الأطعمة والمشروبات المتنوعة، وتبهرك المدينة بأحاسيسها البصرية الجذابة المتجسدة في مشهدها البصري الفريد المتميز باللافتات المرسومة باليد، عربات الطعام الفولكلورية، اللوحات المعبرة على الجدران، ووجوه أطفال عشوائية طائفة على تصاميم بطاقات الأسعار، يصحبهم شعور عام بالروحانية والدفء، وشوارع مغطاة بالغبار ومتأثرة بأشعة الشمس الدائمة طوال العام. يرجع وجود السمات الفريدة والمتنوعة للقاهرة إلى تاريخها في تعرضها لمختلف الثقافات، بما في ذلك الحضارات الفرعونية واليونانية والقبطية والإسلامية والغربية، والتي خلقت خليط القاهرة البصري الفريد من نوعه [١] وهذا الكتاب هو أرشيف موجز لهذه الثقافة البصرية المصرية الهجينة.

مصر في المطلق هو كتاب توثيقي يأخذك في جولة عبر شوارع القاهرة من خلال عرض مجموعة واسعة من تصاميمها الجرافيكية المعاصرة وبالأخص التصاميم العاميّة. نبدأ هذه الجولة عبر تقديم العناصر العامة المستخدمة في التصاميم ومنها الألوان والرموز والأنماط، ثم ندقق ونعرض التصاميم العامة الموجودة بالشوارع والتي تتميز باحتوائها نبض القاهرة المفعم بالحياة وتأثر تصميمها الأخير بالجو المحلي، كما نرى في لافتات المحلات واللافتات غير الرسمية بالشوارع. وأخيراً، نقدم المواد المطبوعة ومنها الروايات والصحف والمطبوعات الدينية، التي تتميز بأنها أكثر هدوءاً، وتنظيماً ومنهجيةً في التصميم، مقارنةً بالتصاميم في الأماكن العامة.

لفهم التصاميم في القاهرة بشكل أعمق، نحتاج إلى فهم خلفيتها التاريخية أكثر. القاهرة هي عاصمة مصر وقلبها، وهي أكبر مدينة في الشرق الأوسط وأفريقيا ويقدر عدد سكانها بعشرين مليون مواطن [٢]. تأثرت الثقافة البصرية التي نراها اليوم بنموها السريع الذي جعل التعقيد جزءاً من هويتها. قبل حوالي خمسين عاماً، تغير الاقتصاد بطريقة جذرية، مما أدى إلى انتقال الكثير من الفلاحين إلى المدينة وظهور مساكن عشوائية غير مخطط لها في الثمانينيات. وتسبب هذا التغيير الاقتصادي بزيادة هجرة المصريين للعمل في دول الخليج الثرية. أدت هذه التغيرات إلى تدهور الظروف المعيشية والبنية التحتية للأجزاء القديمة من القاهرة، في حين أدى الأسلوب الغير متناسق للحكومة لمعالجة التخطيط الحضري إلى تواجد ناطحات السحاب الكبيرة ومراكز التسوق الضخمة مباشرةً بجانب المساكن العشوائية [٣]. هذه التغيرات لحركة الناس والسلع والأفكار من وإلى القاهرة جعلت هذه المدينة جوهر المرئيات الممثل لمصر وجعلت القاهرة مركز الثقافة والاقتصاد والمؤسسات الحكومية [٤]. لهذا السبب لم يسمى هذا الكتاب «القاهرة في المطلق»، ولكن «مصر في المطلق» لأن القاهرة هي اللغة البصرية المحورية المنتشرة في جميع أنحاء مصر. ربما لا تصدقون هذا ولكن القاهرة يشار إليها من قبل المصريين باسم «مصر» وليس «القاهرة».

لكي نحدد التصاميم الجرافيكية، اعتبرنا أي شيء في هيئة أثر مرئي على سطح ما موجود في البيئة أنه تصميم جرافيكي، ويشمل ذلك المنحوتات، والكتابات، والمطبوعات، اللاتي جميعاً يحملن بعض العناصر الأساسية للتصميم الجرافيكي مثل الألوان، والأشكال، والخطوط، والصور، سواءً كانوا ثنائي أو ثلاثي الأبعاد. في البداية، كان نطاق بحث المشروع يشمل فقط التصاميم العاميّة، الشعبية، الفولكلورية، الرائجة التي صممها في الغالب فنانين ومصممين مجهولين، ولكن توسع النطاق إلى توثيق دور التصميم الجرافيكي في حياتنا اليومية بشكل عام، وضم أعمال الخطاطين المحترفين أو المصممين كاللافتات المرورية، والمطبوعات الدينية، وتصميم النقود.

17 ما أجمل أن تفني حياتك في خدمة الناس ١٧

EL SAYEDA ZEINAB, OLD CAIRO

منطقة السيدة زينب، مصر القديمة

أنماط الخطوط العربية

ARABIC SCRIPT STYLES

There are two main styles of Arabic scripts: Kufi and Cursive styles. The Kufi style is based on geometrically constructed letterforms, whereas Cursive is based on fluid handwriting and is usually used for body text. The following types of script styles fall within the two major styles and are the most commonly found in Egypt.

يوجد نوعان رئيسيان من الخطوط العربية: الخطوط الكوفية والخطوط المَرنة. الخطوط الكوفية تعتمد على حروف مصممة بطريقة هندسية، في حين تعتمد الخطوط المَرنة على حروف متأثرة بخط اليد الانسيابي في الكتابة، ويُستخدم الأخير في كتابة النصوص الداخلية. أنواع الخطوط التالية هم الأكثر انتشاراً بمصر ويقع كل منهم تحت أحد الفئتين المذكورتين.

KUFI

It is one of the oldest scripts for titling, especially in architectural motifs, because of its geometric and monumental forms. It is the first script to be used in the Quran, and has been replaced later by the Naskh style.

الخط الكوفي

يعتبر أحد أقدم الخطوط التي تُستخدم كخط لكتابة العناوين، وكزخارف للبنايات الهندسية بشكل خاص وذلك بسبب خصائصه الهندسية والأثرية. كان أول خط يستخدم لكتابة القرآن الكريم إلى أن استُبدل بخط النسخ.

NASKH

With its clear compact and simple forms, this script style is the most generally used cursive style for long texts and in calligraphy because of its legibility and ease of readability.

خط النسخ

هو أكثر الخطوط المَرنة استخداماً في الفقرات الكتابية وفي فن الخط لوضوحه وسهولة قراءته بسبب أشكال حروفه البسيطة والأضيق حجماً.

THULUTH

It is the most elegant formal type of cursive writing, known for the complexity of its letterforms. It is used for decorating mosques and as a titling script in Quranic manuscripts.

خط الثلث

هو أكثر الخطوط المَرنة أناقة ورسمية، ومعروف بالدرجة العالية لتعقيد أشكال حروفه. يتم استخدامه لتزيين المساجد وكخط عرض للعناوين في القرآن الكريم.

NASTALIQ (FARSI)

It is a combination of Naskh and Taalīq scripts, and is mostly used in countries as Iran and Pakistan. It's challenging to digitize it because each word is set on multiple slanted baselines.

خط النستعليق (الخط الفارسي)

هو مزيج بين خَطَّي النسخ والتعليق ويتم استخدامه بكثرة في دول إيران وباكستان. من الصعب تحويل هذا الخط إلى خط رقمي نظراً لاستقرار كل كلمة له على أسطر متعددة ومائلة.

DIWANI

Mostly used for headlines. It is called Diwani since it was used in the correspondence of the sultan in the Ottoman diwan.

الخط الديواني

يُستخدَم في الغالب لكتابة العناوين الرئيسية. سُمي بالديواني نسبة إلى استخدامه في ديوان السلطان العثماني.

RUQAA

It is the more informal cursive script, with its slightly heavier but more compact letterform. Very few fonts are made in this style because each word is originally set on a tilted baseline.

خط الرقعة

يعتبر من الخطوط المَرنة الأقل رسمية، بخط أكثر سُمكاً وغلاظة وأضيق حجماً. قد لا نجد له إصدارات خطوط رقمية كثيرة نظراً لاستقرار كل كلمة له على سطر مائل.

MODERN TYPE (DIGITIZED)

This term is applied to all typefaces digitally developed since the mid-20th century.

الخط الحديث (رقمي)

يُطَبَق هذا المصطلح على كل عائلات الخطوط التي تحولت إلى الرقمية في منتصف القرن العشرين.

FREESTYLE

This term is used to describe lettering styles that do not follow conventional rules of calligraphy, and are usually hand-painted or sprayed.

خطوط حرة

يستخدم هذا الاسم في وصف أساليب فن التخطيط التي لا تتبع القواعد التقليدية لفن الخط ويتم رسمها يدوياً باستخدام فرشاة أو رشاش الطلاء بأسلوب حر.

REQUIREMENTS TABLE

جدول الضروريات

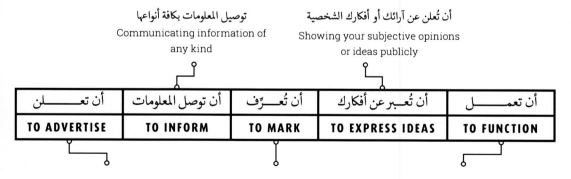

توصيل المعلومات بكافة أنواعها
Communicating information of any kind

أن تُعلن عن آرائك أو أفكارك الشخصية
Showing your subjective opinions or ideas publicly

أن تعـــــلن	أن توصل المعلومات	أن تُعـــرِّف	أن تُعـبر عن أفكارك	أن تعمـــــــل
TO ADVERTISE	TO INFORM	TO MARK	TO EXPRESS IDEAS	TO FUNCTION

أن تتواصل دعائياً مع الناس لكسب ربح مادي
Commercially reaching the public to gain material profit

أن تنسب شيئاً ما إلى هيئة أو فرد
Labeling something as belonging to an entity or individual

أن تلبي المتطلبات المعيشية الأساسية
Meeting basic living requirements

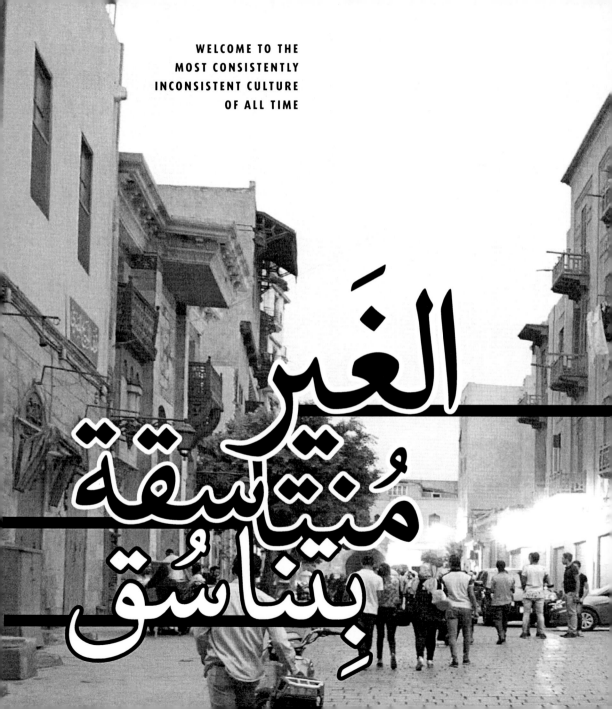

WELCOME TO THE
MOST CONSISTENTLY
INCONSISTENT CULTURE
OF ALL TIME
الغَير
مُتناسِقة
بِتناسُق

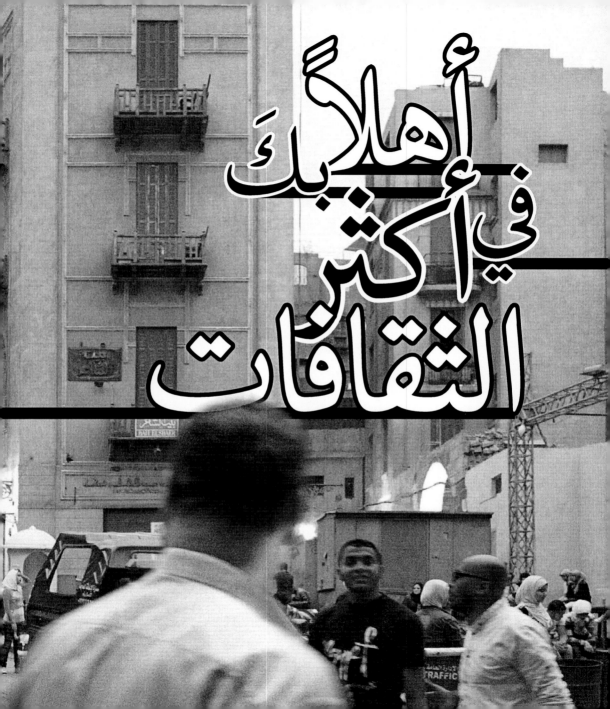

أهلاً بكَ في أكتر الثقافات

BASIC

DESIGN

التصميم الأساسية

What is the nature of the basic design elements underlying the overwhelmingly rich Egyptian environment? This chapter guides you through the design elements found most commonly in the streets, like patterns, textures, colors, symbols and illustrations, and highlights their characteristics in the Egyptian landscape. So if this is your first visit, welcome to Egypt!

ما هي طبيعة عناصر التصميم الأساسية التي تُكوّن تصاميم مشهدنا المصري؟ يأخذك هذا الفصل في جولة للتعرف على أكثر عناصر التصميم استخداماً في شوارع مصر لتتعرف على صفاتها، وهي تتكون من الأنماط، الملامس، الألوان، الرموز، والرسومات. لذلك إذا كانت هذه هي زيارتك الأولى، فأهلاً بك في مصر!

ELEMENTS

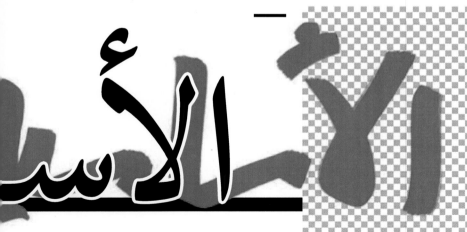

أنماط

1.1/١.١

PATTERNS

REQUIREMENTS TABLE

جدول الضروريات

أن تعلن	أن توصل المعلومات	أن تُعرِّف	أن تُعبر عن أفكارك	أن تعمل
TO ADVERTISE	TO INFORM	TO MARK	TO EXPRESS IDEAS	TO FUNCTION

We can see endless patterns when we look closely at the Egyptian scene. These patterns might result from designs that are functional, like the repetition of stones on a wall or pavement; aesthetic, like the ornamental patterns on windows or gates; commercial, like the pattern in a pile of fruits for showcasing and selling them; or constructive like patterns resulting from architectural structures. The materials used reflect the available resources, such as the red bricks used in construction that comes from the banks of the Nile.

نستطيع أن نرى أنواع أنماط لا نهائية عندما ننظر بتمعُّن إلى البيئة المصرية. قد تحدث تلك الأنماط نتيجة لأغراض عملية مثل نمط الحجارة المتكرر على الحوائط والأرصفة، أو أغراض جمالية مثل تكرار الأشكال لعمل زخارف للبوابات والشبابيك، أو أغراض تجارية مثل نمط الفاكهة المتكررة والمرصوصة في كومة كبيرة من أجل عرضها للبيع، أو أغراض بنائية مثل الأنماط التي تنتجها البنايات المعمارية. المواد المستخدمة لعمل الأنماط تعكس الموارد المتاحة، مثل استخدام الطوب الأحمر في عمليات البناء والذي يُصنع خصيصاً من طمي نهر النيل.

لكل شخصية نمط حياة مميز

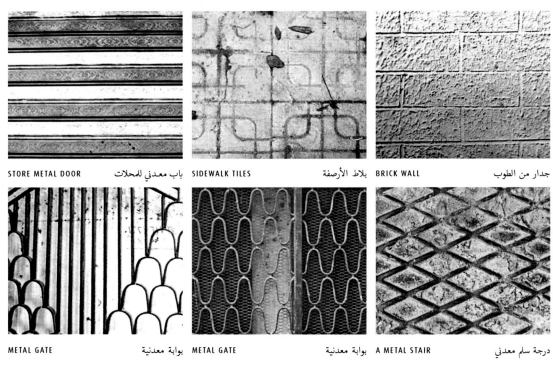

STORE METAL DOOR	باب معدني للمحلات	SIDEWALK TILES	بلاط الأرصفة	BRICK WALL	جدار من الطوب
METAL GATE	بوابة معدنية	METAL GATE	بوابة معدنية	A METAL STAIR	درجة سلم معدني

1.1.1 / ١.١.١

أنماط بيئية

ENVIRONMENTAL PATTERNS

Patterns on walls, pavements, or gates are so embedded in our urban environment that we usually do not notice them when we walk or lean on them. They mainly emerge from functional constructions such as providing shelter or simplifying navigation, as seen in a metal gate with a square pattern, to both make it stronger and save material. At the same time, we can see a cultural dimension in them when those patterns use, for example, Islamic ornaments.

إن الأنماط على الجدران، الأرصفة أو البوابات تُعد جزءاً لا يتجزأ من بيئتنا الحضرية، لدرجة أننا لا نلاحظها عندما نمشي أو نتكئ عليها. نجد هذه الأنماط تحدث نتيجة منشآت عملية بحتة كبناء البيوت أو تسهيل التجول في الشوارع، مثلما نرى نمط المربعات على بوابة حديدية يجعل البوابة أقوى ويستخدم حديد أقل. ولكن في نفس الوقت نستطيع أن نرى أن لها بُعد ثقافي حينما نجدها مثلاً تستخدم الزخرفة الإسلامية.

WOODEN WINDOW   نافذة خشبية

WOODEN WINDOW   نافذة خشبية

WOODEN WINDOW   نافذة خشبية

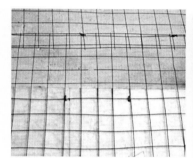

CLOTHES HANGER NET   شبكة لتعليق الملابس

WOODEN BOX   صندوق خشبي

GROCERY CONTAINER   سَبَت البقالة

1.1.2/١.١.٢

أنماط على الأشياء

PATTERNS ON OBJECTS

These patterns use versatile shapes and embellishments, and they emerge from less complex purposes, such as patterns on window openings that provide ventilation. We can see how those patterns result from simple constructions, as seen in the grocery container that is made of intersecting lines of dried palm tree rachis (a stem without leaves) that make up their skeleton and compose their outer rectangular pattern.

تلك الأنماط تستخدم أشكال أكثر تنوعاً وتضيف الزخارف. تأتي هذه الأنماط نتيجة أسباب أقل خطورة وصرامة من الأنماط البيئية، مثل تواجد الأنماط على النوافذ لتوفير فتحات للتهوية. نلاحظ أيضاً أن هذه الأنماط تصنع بعض الأشياء من الصفر، مثلما نرى في سَبَت البقالة المصنوع من جَريد (غصن مُجرد من أوراقه) النخل الجاف والمتداخل والذي يصنع هيكل السَبَت الأساسي وبالتالي يصنع نمط المستطيلات الخارجي له.

LINGERIE SHOP محل ملابس داخلية للسيدات

FRUIT STACK كومة فاكهة

WASHING POWDER مساحيق الغسيل

SUGARCANE JUICE STORE محل عصير قصب السكر

FABRIC STORE محل أقمشة

CLOTHING STORE محل ملابس

1.1.3/١.١.٣

أنماط تنسيقية

ORGANIZATIONAL PATTERNS

These patterns arise from putting objects together, as mostly seen in displays of goods on the front windows of stores. They result from, for example, a fruit stand organized geometrically, or mannequin displays, which can look very organized from a distance, while having each mannequin standing in a different posture. They can be considered the most short-term type of patterns because the objects are easily moved and sold.

تلك الأنماط تأتي نتيجة وضع الأشياء جنباً إلى جنب، مثلما نرى في طريقة عرض المنتجات على النوافذ الأمامية للمحلات. نرى أن هذه الأنماط تأتي نتيجة مثلاً تنظيم الفاكهة في كومة هندسية، أو مثلاً نتيجة وضع مجموعة من المانيكان جنبا الى جنب والتي قد تبدو منظمة جداً عن بُعد في حين أن كل مانيكان يقف بطريقة مختلفة عن الأخرى. إن هذه الأنماط تعتبر الأقصر عمراً، لأن الأشياء التي تُكونها يمكن تحريكها أو بيعها بسهولة وفي أي وقت.

1.1.4/١.١.٤ أنماط معمارية

ARCHITECTURAL PATTERNS

There are two main types; patterns relating to the building's concrete skeleton (like the positions of windows) and patterns relating to add-on elements (like installing window openings or engraving ornaments). The skeleton pattern is fixed whereas the add-on pattern changes in the form of regular interventions by residents like opening a window, and random ones like hanging out laundry, installing sun shades or balcony curtains, all of which interrupt the overall architectural rhythm.

يوجـد نوعـين أساسـيين مـن الأنـماط المعماريـة، أنماط هيـكل البنايـة (مثـل أماكـن فتحـات النوافـذ) وأنمـاط الإضافـات علـى البنايـة (مثـل تركيـب النوافـذ أو حفـر الزخـارف). النمـط الهيـكلي لا يتغـير ولكـن أنمـاط الإضافـات تتغـير بسـهولة في صـورة تدخـلات مـن قِبـل سـاكني الشـقق، منهـا تدخـلات نمطيـة مثـل فتـح وإغـلاق النوافـذ، ومنهـا تدخـلات عشـوائية مثـل تعليـق الغسـيل، أو إضافـة سـتائر للشرفـة، أو تركيـب مظلـة فـوق الشرفـة، وكل هـذه التغيـيرات تعـترض التنـاغم العـام لتصميـم البنايـة المعمـاري.

ملامس

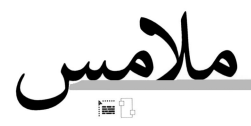

1.2/١.٢

TEXTURES

REQUIREMENTS TABLE

جدول الضروريات

أن تعمـــــل	أن تُعـــبر عن أفكارك	أن تُعـــرِّف	أن تـوصل المعلومات	أن تعـــــلن
TO FUNCTION	TO EXPRESS IDEAS	TO MARK	TO INFORM	TO ADVERTISE

Texture is the smoothness or roughness of an object's surface and can be the result of the climate, e.g. the wearing out of surfaces and colors by the wind and sun; the result of a belief, e.g. finding the hands of protection from the evil eye painted on walls with the blood of sacrificed cattle; the result of building our urban space, e.g. uneven finishing of walls; or the result of actions, e.g. throwing garbage on the floor. Each texture is very unique and different, therefore, each can serve as a source of original inspiration.

الملمس هو نعومة أو خشونة سطح شيء ما ويمكن أن تحدث الملامس المختلفة نتيجة للعوامل المناخية، مثل إتلاف الشمس والرياح لألوان وأسطح الجدران، أو نتيجة للمعتقدات مثل وجود يد الخمسة وخميسَة الحامية من الحسد على الجدران المرسومة بدم الأضحية، أو نتيجة لبناء البنايات المعمارية مثل وجود تَعاريج في تشطيب الجدران المبنية، أو نتيجة للسلوك والتصرفات مثل إلقاء القمامة بالشارع. كل ملمس مميز ومختلف عن الآخر ولذلك يمكن اعتبار كل منها مصدر إلهام خام وأصلي.

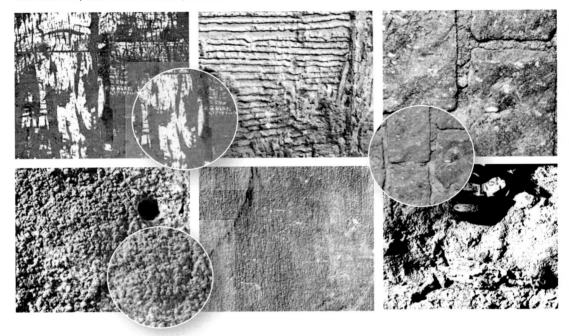

1.2.1/١.٢.١

ملامس حضرية

URBAN TEXTURES

These textures result from constructing buildings and leaving a lot of their surfaces uneven or without finishing. They are highly detailed and earthy textures that can be seen anywhere in the urban environment, whether on walls, doors or floors, like the worn-out wooden texture of windows or the texture of old cement lumps. They are constantly changing with aging because of the dusty and sunny Egyptian weather, or due to the constant contact with passers-by.

تلك الملامس الحضرية تحدث نتيجة إنشاء بنايات معمارية في بيئتنا وترك الكثير من أسطح البناية غير مستوية وبدون تشطيب نهائي. إن هذه الملامس ترابية وكثيرة التفاصيل، ونستطيع أن نجدها في الأماكن المختلفة من المدينة سواءً علي الحوائط، أو الأرضيات، أو الأبواب، مثل وجود ملمس تقشير النوافذ الخشبية أو ملمس كُتل الأسمنت القديمة. تلك الملامس في حالة دائمة من التغيير مع الوقت نتيجة لتأثرها بجو مصر الترابي والمشمس، ونتيجة اتصالها الدائم بالمارة بالشوارع.

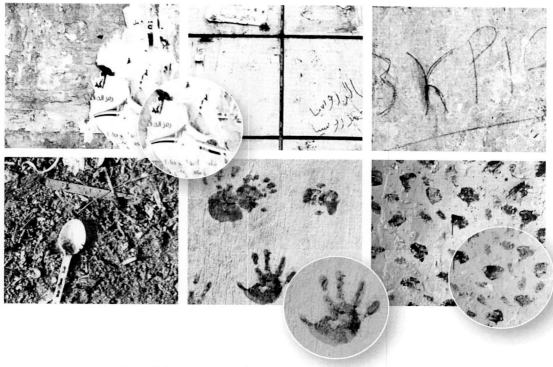

1.2.2/١.٢.٢

ملامس سلوكية

BEHAVIORAL TEXTURES

These textures represent traces of human behavior, just like organizational patterns (see p. 30). They arise from intentional actions of individuals, combined with an occasional influence of the weather, making them more complex, e.g. textures of throwing different kinds of garbage in the same spot, and textures of new election posters on top of old ones. The latter is a complex texture composed of the new poorly glued poster, the older posters, the rough surface under them, and some dust.

تلك الملامس تمثل آثار سلوكيات الناس في الشوارع مثلها مثل الأنماط التنسيقية (ص ٣٠)، حيث تحدث نتيجة أفعال الأفراد مع بعض المؤثرات البيئية مما يجعلها أكثر تعقيداً بشكل عام، مثل الملمس الناتج عن إلقاء أنواع قمامة مختلفة في نفس المكان، أو الملمس الناتج عن تعليق ملصقات انتخابية قديمة وجديدة فوق بعضها البعض. الأخير يكون ملمسه النهائي معقد حيث يتكون من عدة عناصر وهي الملصق الجديد المتلَف، الملصقات القديمة البالية، السطح من تحتهم وبعض الأتربة.

أبق عينيك مفتوحتين دائما لأن كل ما تراه حولك يمكن أن يلهمك

ألـوان

1.3/١.٣

COLORS

REQUIREMENTS TABLE

جدول الضروريات

أن تعمـــل	أن تُعــبر عن أفكارك	أن تُعـــرِّف	أن تـوصل المعلومات	أن تعـــلن
TO FUNCTION	TO EXPRESS IDEAS	TO MARK	TO INFORM	TO ADVERTISE

This culture stands out for its unique choice of colors in different designs. Colors and color palettes highlight the general taste in Egypt as we can notice that most colors are saturated and vibrant, with a lot of colors from the Egyptian flag such as red and yellow. Do not be fooled by the calmness of some shades of colors, but try to imagine them without the sun bleach and dust, and you will see a circus of loud colors. And like any other culture in the world, Egypt has its unique interpretations of colors, relating to its religions, geography, and culture.

تتميز ثقافتنا باختيارات فريدة من نوعها للألوان في التصاميم المختلفة. إن الألـوان واختيـارات باليتـات الألـوان تُـبرز الـذوق العـام في مـصر، حيث نلاحظ أن معظم الألوان المستخدمة مشبعة باللون، ويكثر فيها استخدام ألوان العلم المصري مثل الأحمر والأصفر. لا تنخدع بهدوء بعض الألوان، إنما حاول أن تتخيلها دون أن تبهتها الشمس وبدون الغبار وسترى حينها سيرك من الألوان الصاخبة. وكأي ثقافة في العالم، للثقافة المصرية معانيها الفريدة للألوان التي تستمدها من خلفياتها الدينية والجغرافية والثقافية.

#FBDF00

#ED6E79

#A0CED0

#57392F

#354D71

#2EB3E1

#E9DCB9

#22968E

1.3.1/١.٣.١

ألوان الطلاء

PAINT COLORS

Egyptian hand-painted designs depend on the paint buckets available in stores, which are chosen according to taste and budget. These paint colors interact with their contexts since they are directly painted on the rough surfaces of the streets which affects their final tone and texture. We can notice that painted designs use a limited number of colors (from two to four colors) and usually use the saturated paint right out of its bucket without mixing it with other colors.

تعتمد التصاميم المرسومة باليد على ألوان الطلاء المتوفرة في السوق التي يتم اختيارها حسب الميزانية والذوق. تتفاعل هذه الألوان مع سياقها لأنه يتم رسمها على أسطح الشوارع الخشنة مباشراً، مما يؤثر على درجة اللون والملمس النهائي للألوان. نلاحظ أنه يتم استخدام عدد محدود من الألوان المختلفة (من إثنين إلى أربعة ألوان) في التصميم الواحد، وفي أغلب الأحيان يتم الرسم باللون المشبع مباشرة من برميل الطلاء دون إعادة خلطه مع ألوان أخرى.

OLD FOOD CART

عربة طعام قديمة

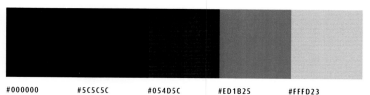

#000000   #5C5C5C   #054D5C   #ED1B25   #FFFD23

HAND-PAINTED ILLUSTRATION

رسمة مرسومة باليد

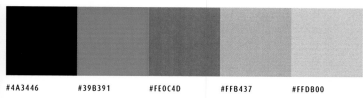

#4A3446   #39B391   #FE0C4D   #FFB437   #FFDB00

HAND-PAINTED RETAIL SIGN

لافتة محل مرسومة باليد

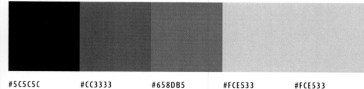

#5C5C5C   #CC3333   #658DB5   #FCE533   #FCE533

COMMERCIAL LETTERING

خطوط دعائية

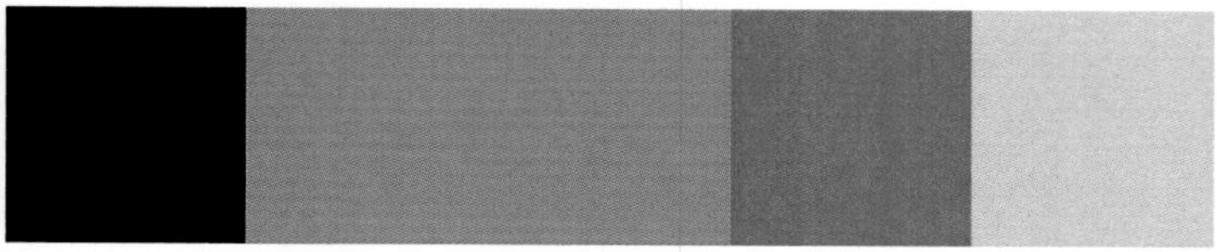

#000000   #7FABC5   #7FABC5   #E12D5F   #FCE533

CALLIGRAPHY COLORS

Color choices used in calligraphy tend to be more conscious with more refined color palettes because they are designed and executed by calligraphers who have more experience and skills in hand-painting their designs.

ألوان فن الخط

اختيارات ألوان الطلاء التي تُستخدم في فن الخط تكون أكثر انتقاءً ووعياً من تلك التي تستخدم في التصاميم المرسومة الأخرى لأن من يصممها هو خطاط صاحب مهارة وخبرة أكبر في تنفيذ التصاميم باليد.

THE FUL CART

عربة الفول

| #000000 | #D22531 | #1F4733 | #FFFFFF | #FCE533 |

الطيور على أشكالها تحلق معاً

#39261C #E30513 #FFFFFF #F3CB38

#364883 #E30513 #5E2C1A #E0CA8D #FCE533

#27180D #354634 #C6BF36 #5977B6 #D22531

#525F68 #3A4D37 #46D3A5 #E9CF66

1.3.2/١.٣.٢ ألوان المطبوعات

PRINT COLORS

Computer-generated printed designs potentially have endless colors, shades, and gradients that are easily provided by digital software. We can find that the colors of the printing process, such as cyan and magenta, are more commonly used in printed rather than in painted designs. They are also affected by the quality of the printing machine and the printing material.

التصاميم المصممة على البرامج الرقمية يمكن أن تحتوي على درجات وتَدرجات ألوان لا نهائية لأن البرامج الرقمية تسهل ذلك. بطبيعة الحال، نجد أن درجات الألوان الأكثر استخداما في الطباعة مثل اللون السماوي (السَيان) أو الأرجواني تنتشر أكثر في التصاميم المطبوعة عن المرسومة، وبالطبع تتأثر ألوان المطبوعات بجودة ألوان ماكينة الطباعة ونوع الخامة التي تُطبع عليها.

RETAIL ADVERTISEMENT

اعلان عن البيع

#283373	#E30513	#FCE432	#FCE432	#FFFFFF

PRINTED RETAIL SIGN

لافتة محل مطبوعة

#EF2D34	#00D584	#66D8FC	#FFFFFF	#FCE432

PRINTED RETAIL SIGN

لافتة محل مطبوعة

#D22531	#D22531	#4F5CA0	#008FD5	#FFFFFF

PRINTED RETAIL SIGN

لافتة محل مطبوعة

#3464A6	#E85411	#FFFFFF	#FCFF88	#FCE432

CONCERT POSTER

ملصق لحفل غنائي

#CD2F23	#E85411	#FCE432	#FFFFFF	#8FC440

#E30513

#0055A4

#FFDE13

#1FA038

#2EB3E0

#000000

الألوان الأكثر إنتشاراً 1.3.3/١.٣.٣

MOST COMMON COLORS

The most common colors were chosen according to their frequency of usage, through collecting as many examples of colored designs as possible (on the right page, we can see some samples). It shows that the most common colors are red, yellow, navy blue, green, sky blue and black, and the table on the right page shows all the collected samples. Most of them are saturated and strong, as we rarely see mute or pastel colors.

بعد جمع أكبر عدد ممكن من ألوان التصميمات الملونة، استطعنا تحديد أكثر الألوان انتشاراً في بيئتنا، بناءً على معدل استخدامها العالي في التصميمات (على الصفحة اليمنى، نرى أبرز عينات اللون التي جمعت). يتضح لنا أن أكثر الألوان انتشاراً هي اللون الأحمر، والأصفر، والأزرق الداكن، والأخضر، والأزرق الفاتح، والأسود. نلاحظ أن معظمهم ألوان مُشبّعة وقوية ونادراً ما نلحظ ألوان باهتة أو خافتة.

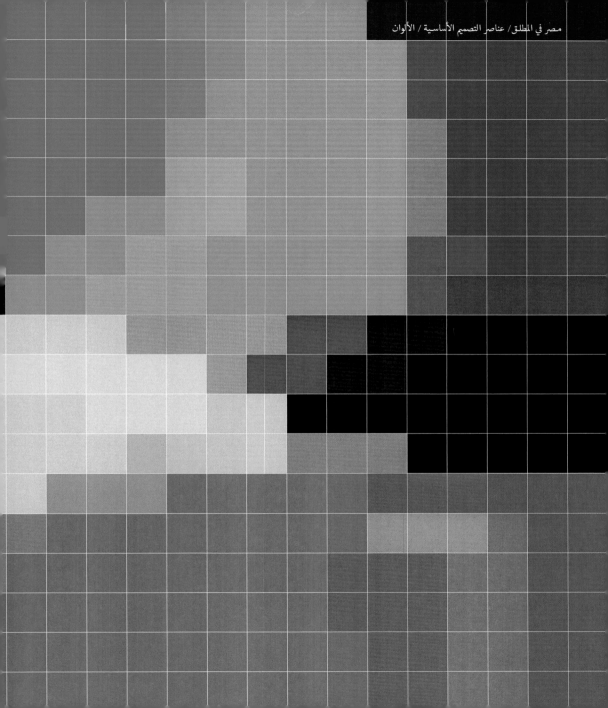

1.3.4/١.٣.٤

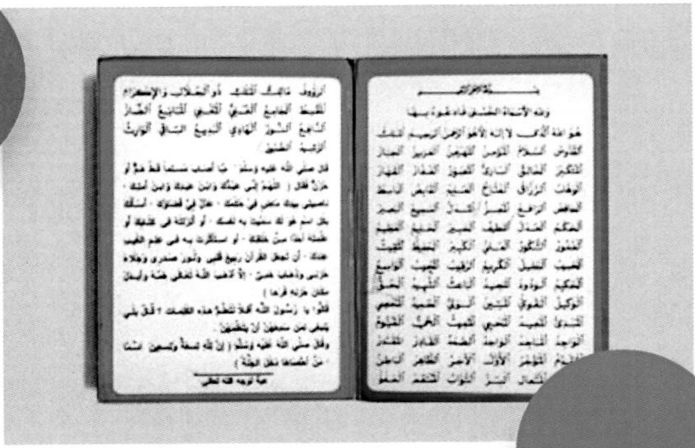

معاني الألوان

COLOR MEANINGS

Egypt has its unique interpretations of colors, relating to its religions, geography, and culture. Here we are presenting three examples of colors and their meanings in this culture: green, red and blue. Green reflects tranquillity and holiness, red grabs the attention, and blue reflects balance and order.

إن للثقافة المصرية معانيها الفريدة للألوان التي تستمدها من خلفياتها الدينية والجغرافية والثقافية. هنا سنتعرف على ثلاثة أمثلة من الألوان ومعانيها في هذه الثقافة وهي الأخضر والأحمر والأزرق. يبعث اللون الأخضر على السكينة والقُدسية، ويجذب اللون الأحمر الانتباه، بينما يعكس اللون الأزرق التوازن والانضباط.

#1FA038

BEYOND GREEN

It is related to the depiction of paradise in Islam, one of the two major religions in Egypt, alongside Christianity. Heaven is often described for Muslims as the eternally green terrace, and the color is also frequently used in printing the covers of the Quran (the Islamic holy book), some Masjid (mosque) signage, and some religious street wall lettering. Even the word "Allah" (God) is often colored in green!

ما وراء الأخضر

يرتبط اللون الأخضر بوصف الجنة في الديانة الإسلامية، وهي إحدى الديانتين الرئيسيتين في مصر بجانب الديانة المسيحية. وصفت الجنة للمسلمين في دينهم على أنها حديقة خضراء أبدية، كما أن الأخضر يُستخدم بشكل متكرر في طباعة أغلفة القرآن الكريم (الكتاب السماوي في الإسلام)، وبعض لافتات المساجد وبعض العبارات الدينية على جدران الشوارع؛ وحتى لفظ الجلالة «الله» عادةً ما يكون باللون الأخضر.

#E30513

BEYOND RED

The meaning of this color in Egypt is similar to the international well-known one, that it is a color that grabs attention and alerts from danger. But when the locals here noticed its edge in grabbing attention, they have used it excessively. Therefore we can see streets having most of their signs in red, which weakens the impact of the color and creates a huge red spot that screams. But if everything is screaming, nothing is heard.

ما وراء الأحمر

إن معنى اللون الأحمر في مصر مشابه بالمعنى المتعارف عليه دولياً ألا وأنه لون يجذب الانتباه ويُستخدم كتحذير من الخطر. ولكن في مصر عندما رأى المحليون قدرته القوية بجذب الانتباه استخدموه بإفراط وبدون حكمة. لذلك قد نمر بشوارع أغلب لافتاتها تستخدم اللون الأحمر بشكل أساسي، ولكن هذه الكثرة في الاستخدام تُضعف تأثير اللون وتصنع مساحة حمراء كبيرة من الضوضاء التي تصرخ للحصول على اهتمامنا. ولكن لو قام الجميع بالصراخ، لما سمعنا أحداً.

#0055A4

BEYOND BLUE

It is the color of order as well as of tranquillity. It is adopted by the government in many of its public services, including road signs, street name signs, some garbage cans, and some public transportation, and it has a subtle way of grabbing our attention. Blue also reflects the clarity of a heavenly blue sky; therefore, we occasionally see it being used in religious flyers.

ما وراء الأزرق

إن اللون الأزرق هو لون الانضباط ولون السكون أيضاً. تستخدمه الحكومة في العديد من تصميمات قطاعاتها بالخدمات العامة مثل لافتات المرور ولافتات أسماء الشوارع وبعض صناديق القمامة ووسائل المواصلات العامة، وله أسلوبه في لفت انتباهنا بطريقة هادئة. يعكس الأزرق أيضاً نقاء سماء ربانية زرقاء، ولذلك يستخدم أحياناً في النشرات الدينية.

رموز

1.4/١.٤

SYMBOLS

REQUIREMENTS TABLE

جدول الضروريات

أن تعــــــلن	أن تـوصل المعلومات	أن تُعــــرِّف	أن تُعــبر عن أفكارك	أن تعمــــــل
TO ADVERTISE	TO INFORM	TO MARK	TO EXPRESS IDEAS	TO FUNCTION

A visual symbol is a commonly used sign, abstractly denoting a specific meaning. They can represent ideas and meanings as profound as religious concepts or as simple as a marketing tool to advertise a business's contact number. We see these symbols presented in several production methods, such as engraved, painted, or printed symbols, with different materials suiting their functionality. Here we also consider retail signs, logos, and some short lettering as symbols.

إن الرمـز المـرئي هـو علامـة أو شـكل يكثر استخدامه للتعبير عـن معنـى مُحـدد بطريقـة مجـردة. إن الأفـكار والمعـاني الـتي تعبر عنهـا تلـك الرمـوز قـد تكـون عميقـة مثـل المفاهيم الدينيـة أو تكـون سـطحية مثل اسـتخدام الرمـز كأداة دعائيـة لمحـل تجـاري. تُصنـع تلك الرمـوز بطـرق إنتـاج مختلفـة مثـل النقـش أو الـرسم أو الطباعـة، باسـتخدام مـواد مختلفـة وملائمـة لوظيفـة الرمـز الأساسية. نصنـف هنـا الشـعارات التجاريـة عـلى لافتات المحـلات وبعـض الكتـابات القصيرة عـلى أنهـا رمـوز.

الحياة بسيطة جداً لكننا نُصر على تعقيدها

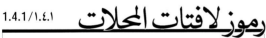

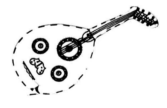

1.4.1/١.٤.١ رموز لافتات المحلات

RETAIL SIGNS SYMBOLS

They are unique shapes that we see just once on the retail signs of stores. These symbols are not used as logos that represent the store identity but as eye-catchers on the signs. Also, they are not considered as illustrations since they lack a clear message and enough details. It can be seen in the form of a simple musical instrument symbol on a music store.

هذه الرموز هي أشكال نراها فقط لمرة عابرة على لافتات المحلات التي لا تستخدمها المحلات كشعارات تجارية لتنشر وتحافظ على الهوية البصرية للمحل وإنما كعنصر إضافي على لافتة المحل لجذب الانتباه. لا تعتبر أيضاً تلك الرموز رسومات توضيحية لأنها تفتقر إلى التفاصيل الكافية ولا تعبر عن معاني أخرى واضحة. نرى هذه الرموز مثلاً في شكل رمز آلة موسيقية بسيطة على لافتة محل للآلات الموسيقية.

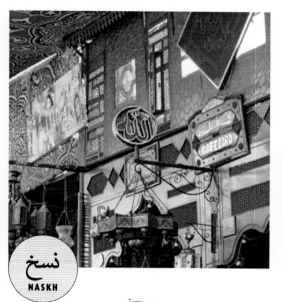

ثُلث
THULUTH

نَسخ
NASKH

1.4.2/١.٤.٢

رموز خطوطية

TYPOGRAPHIC SYMBOLS

These symbols are unique letterform arrangements; some represent verbal ideas as imagery, like the phrase "Praise to Allah" in the form of two hands put together. However, these symbols only use letterforms to represent words such as "Allah" (God) or "Mohammed" (Islamic prophet) as they can't have any pictorial symbols because Islam doesn't encourage pictorial depictions.

هذه الرموز هي تصميمات وتنظيمات مميزة لأشكال الحروف. بعض الرموز تعبر عن المعاني باستخدام أشكال مصورة مثل صورة ليدان مرفوعتان جنباً إلى جنب للتعبير عن الدعاء، ولكن هذه الرموز تعبر عن المعاني باستخدام أشكال حروفها مثل التعبير عن كلمة «الله» أو «محمد» الذين لا يمكن أن يكون لهما رمزاً مصوراً لأن الإسلام نهى عن التجسيد المصوّر للكيانات والأشخاص.

1.4.3/١.٤.٣

رموز دينية

RELIGIOUS SYMBOLS

These symbols represent religions as we can see here Islamic and Christian ones found on top of Mosques and churches. They are produced for long-term usage and made out of hard material such as metal or graphite, using methods such as sculpting or carving. Unlike other symbols, they are created as three-dimensional forms which makes them distinctive from a distance. We can find different variations of the same symbol, like the Islamic crescent, depending on its era.

هـذه الرمـوز ترمـز للديانات، ونرى هنـا رمـوز للدين الإسـلامي والمسيحي الـتي نجدهـا أعـلى أسـطح المسـاجد أو الكنائس. تمـت صناعـة تلـك الرمـوز لـكي تظـل موجـودة لعشرات السـنين، ولذلـك نجدهـا في الأغلب مُصنعـة مـن مـواد صلبـة كالمعـدن أو الغرافيـت عـن طريـق النحـت أو النقـش. وعـلى عكـس أنـواع الرمـوز الأخـرى، نجـد تلـك الرمـوز مصنوعـة بأشـكال ثلاثيـة الأبعـاد، مما يُسهـل علينـا رؤيتهـا مـن مسـافة بعيـدة، ونجـد للرمـز الواحـد عـدة أشـكال مختلفـة عـلى حسـب عصـره مثـل الأشـكال العديـدة للهـلال الإسـلامي.

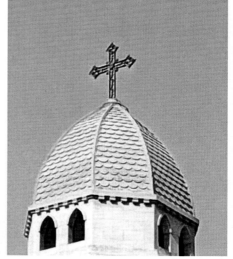

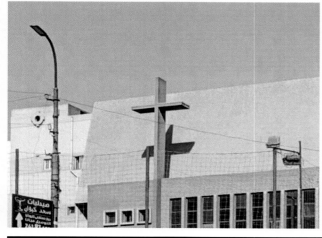

شخصيتك موجودة في تفاصيلك الصغيرة

1.4.4 / ١.٤.٤

رموز سلوكية

BEHAVIORAL SYMBOLS

These symbols represent cultural concepts that are mostly based on religious beliefs and result as social behaviors. The symbols shown here relate to the concept of the "evil eye" (or the envious eye). The "evil eye" is a religious-based concept, meaning that someone might cause bad things to happen to us by just looking at us with an envious eye. To protect themselves and their loved ones, people open their palm in the direction of the envious person's face while whispering religious phrases. This behavior is transformed into a visual symbol when people print their palms on the walls of their properties using the blood of sacrificed cattle in the Islamic holiday, Eid Al-Adha. Also, the blue bead and the cut-out shapes of the open palm protects from this eye by wearing or hanging them.

هـذه الرمـوز تمثـل أفكار ثقافيـة أغلبها مبـني علـى معتقدات دينيـة، وتحـدث نتيجـة سـلوكيات أفـراد المجتمـع. الرمـوز المعروضـة هنـا هي أمثلـة لرمـوز نابعـة مـن فكـرة «عـين الحسـود» وهـو معتقـد ذُكـر بالديانـات السـماوية وينـص علـى أن أحدهم يمكن أن يتسـبب فـي حـدوث أشـياء سـيئة لشـخص مـا، فقط بالنظر إليـه بعـين حاسـدة. يحـمي النـاس أنفسـهم والأشـخاص المقربـين لهـم مـن هـذه العـين عـن طريـق أن يشـيروا بكـف يدهـم المنبسـط في وجـه الحاسـد وهـم يـرددون عبـارات دينيـة. تـم تحويـل هذا السـلوك إلى رمـز مرئي جرافيكـي عند طبـع النـاس شـكل كفهـم المنبسـط باسـتخدام دم الأضحيـة في عيد الأضحى الإسـلامي علـى حوائـط بيوتهـم وممتلكاتهـم الخاصـة. وأيضـاً تعتـبر الخـرزة الزرقـاء والأشـكال المختلفـة لكـف اليـد المنبسـط رمـوزاً أخـرى تحـمي مـن عـين الحسـود عـن طريـق ارتدائهـا أو تعليقهـا فـي أي مـكان.

1.4.5/١.٤.٥ رمز الدولة

THE SYMBOL OF THE COUNTRY

Perhaps the most famous Egyptian symbol is the one that sits on its flag: the eagle. This Republican eagle is depicted on the flag in gold, with the words "The Arabic Republic of Egypt" written in a bold Kufi script at its base. This is the eagle of Saladin, the founder of the Ayyubid dynasty, which stands for nobility and reflects the strength and victories of Egypt throughout the years.

ربما يكون رمز النسر الذي يعتلي العلم المصري أكثر الرموز المصرية شهرة. إن هذا النسر الجمهوري هو نسر صلاح الدين مؤسس الأسرة الأيوبية، وتراه مرسوماً باللون الذهبي وكلمات «جمهورية مصر العربية» مكتوبة بالخط الكوفي أسفله. هذا الرمز يرمز للنبالة ويعكس قوة الدولة المصرية وانتصاراتها على مر السنين.

1.4.6/١.٤.٦ رموز دعائية

ADVERTISING SYMBOLS

These symbols do not communicate very deep meanings like religious symbols but rather simple commercial information, e.g. the snake around a cup representing pharmacies. These symbols just attempt to create a more visual form of communication than a text-based one, while not being necessarily well designed nor visually consistent with the design.

هذه الرموز لا تمثل معاني عميقة أو مهمة كالرموز الدينية ولكن توصل معلومات تجارية صغيرة مثل رمز الثعبان حول الكأس الذي يرمز للصيدلية. هذه الرموز البسيطة والمباشرة في المعنى وتُستخدم فقط لتسريع عملية التواصل بجعله مرئياً ليس إلا، ولا تكون بالضرورة متناسقة الشكل أو ملائمة بصرياً للإعلان.

رسومات

1.5 / ١.٥

ILLUSTRATIONS

REQUIREMENTS TABLE

جدول الضروريات

أن تعمـل	أن تُعبر عن أفكارك	أن تُعـرِّف	أن توصل المعلومات	أن تعـــلن
TO FUNCTION	**TO EXPRESS IDEAS**	**TO MARK**	**TO INFORM**	**TO ADVERTISE**

They represent different aspects of Egypt, like nature, as in the ones depicting rural areas and the Nile river; political and social views as in graffiti; history as in Pharaonic illustrations; appreciation of important and spiritual characters as in portraits of Jesus Christ or the famous singer Umm Kulthum; or they are used as ads in the form of printed store signs. Although they are mainly pictorial depictions, we can still find a lot of Arabic lettering merged within the illustrations.

نرى أن الرسومات المحلية تمثـل العديد مـن جوانـب مصر المختلفـة، حيـث تعبر عـن الطبيعـة في رسومـات الحيـاة الريفيـة والنوبية ورسومات نهـر النيـل، وعـن الآراء السياسـية والاجتماعيـة في رسومـات الجرافيـتي، وعـن التاريخ المصري في رسومـات الفراعنـة، وعـن التقديـر لشخصيات مهمـة وروحانيـة في رسومـات يسـوع المسـيح أو المغنيـة القديرة أم كلثـوم، أو عندمـا تُستخدم فقـط كإعلانات تجاريـة في شـكل رسومـات المحلات المطبوعـة. بالـرغم مـن أن هـذه الرسومـات تسـتخدم الفـن تصويـري، ولكـن يمكننـا أن نرى أنها تضم أيضًا الكثير مـن الكتـابات.

وها
أفعل
أنا
01204331510

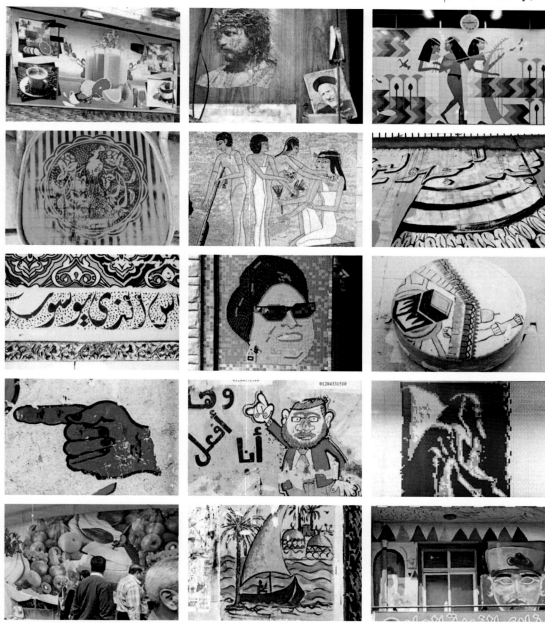

1.5.1/١.٥.١ **رسومات إجتماعية**

SOCIAL ILLUSTRATIONS

These illustrations, with friendly and simple meanings, are seen mostly painted on private properties for many purposes, like expressing your love for Allah, or as a commercial store ad. As mentioned, we can see the big influence of Arabic type on those illustrations, that use the verbal meanings of the words and not only the aesthetic letterforms. It is funny when we see the words repeating the same message of the illustration, like writing a "bottle of oil" under a drawing of one.

توضح الأمثلة هنا بعض الرسومات التي يصحبها إحساس بالودية والبساطة في المعنى. نجدها في أغلب الأحيان مرسومة على ممتلكات أو مباني خاصة لعدة أغراض، منها للتعبير عن حب الله أو للتسويق لمحل تجاري كإعلان. مثلما ذكرنا، نلحظ هنا التأثير الكبير للكتابة العربية داخل الرسومات التي لا تستخدم الحروف كأشكال جمالية فقط وإنما تهتم بالمعنى اللفظي لها. الطريف في الأمر أنه أحياناً نجد كتابات تقول نفس المعنى المرئي للرسمة، مثل كتابة عبارة «زيت باكم» (نوع من أنواع الزيوت) أسفل رسمة لزجاجة زيت باكم.

عبّر عن عالمك بفرشاتك وألوانك

1.5.2/١.٥.٢

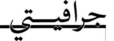

جرافيتي

GRAFFITI

These illustrations do not have widespread popularity all over Egypt and are mainly concentrated in some areas like Al-Tahrir square. They are usually hand-painted, sprayed, or stenciled and they have flourished in Egypt after the 25th of January revolution in 2011. People used graffiti to document the new political changes, to express their opinions regarding it, and to mourn the loss of the revolution martyrs.

لا نجد لرسومات الجرافيتي انتشار واسع أو شعبية كبيرة في جميع أنحاء مصر، حيث نراها فقط تتركز في بضع المناطق مثل ميدان التحرير بالقاهرة، ونجدها مرسومة بطرق مختلفة، سواءً باستخدام الفرشاة أو رشاش الطلاء أو الطبع بالاستنسل. لقد ازدهرت تلك الرسومات خاصةً بعد ثورة الخامس والعشرين من يناير عام ٢٠١١، حيث استخدمها المصريون لتوثيق التغييرات السياسية الجديدة وللتعبير عن آرائهم وعن ألم فقدان شهداء الثورة.

إياك أن تعتذر عن التعبير عن أفكارك وآراءك

1.5.3/١.٥.٣ رسومات الفُسَيفِساء

MOSAIC ILLUSTRATIONS

These illustrations are famous in Egypt and the examples shown here are from local cafés (called "Ahwa" in Egypt), and metro stations. One of the most iconic groups of illustrations is the one for the Egyptian metro stations, including both Pharaonic illustrations (in the older stations) and modern illustrations (in the newer stations) that visually express the name of the station instead of only writing it (e.g. drawing girls marching, in the "Girls' College" station).

تنتشر هذه الرسومات في مصر، حيث نستطيع أن نراها خاصةً في المقاهي المحلية (القهوة) ومحطات مترو الأنفاق. من أكثر رسومات الموزاييك شهرةً هي تلك الرسومات التي صُممت لمحطات المترو المصري، وتشمل رسومات فرعونية بمحطات خطوط المترو القديمة ورسومات حديثة بمحطات خطوط المترو الجديدة والتي تعبر عن اسم المحطة بطريقة مرئية عوضاً عن الاكتفاء بكتابته (مثل رسم لفتيات يسيرون في محطة « كلية البنات»).

الأشياء الصغيرة هي التي تحدث الفرق الكبير

1.5.4/١.٥.٤

رسومات مطبوعة

PRINTED ILLUSTRATIONS

Since printing devices became available to the public, people have found it easier to print the illustrations instead of hiring an artist to paint them, especially huge ones. Some visually cluttered illustrations can result from overusing the endless digital options of combining and manipulating images. An iconic example of printed illustrations is the Christian imagery arrangements (collages) of saints, angels, and priests, often found on the walls of local shops of devoted Christians. The arrangement of those collages is a common religious scene that carries big spiritual and sentimental meanings for the people of Egypt.

بسبب توافر وسائل الطباعة في السوق، وجد الناس أنه من الأسهل طباعة الرسومات بدلاً من الاستعانة برسام ليرسمها، خاصةً كبيرة الحجم منها. قد نرى من بينها تصاميم مزدحمة مرئياً، والتي تنتج عن الاستخدام المفرط للخيارات الرقمية اللانهائية للتجميع والتلاعب بالصور والرسومات. إن من أشهر الأمثلة للرسومات المطبوعة هي ترتيبات الصور المجمّعة (الكولاج) للقديسين والملائكة والقساوسة التي عادةً ما تتواجد على حوائط محلات الأقباط المخلصين. طريقة وضع هذه الرسومات المطبوعة جنباً إلى جنب تُكَوِّن مشهد روحاني منتشر ومليء بالمعاني العاطفية لدى أهل مصر.

COMMERCIAL تجاري

RELIGIOUS ديني

PUBLIC

الأماكن

تصام

DESIGNS

في العامة

This chapter is about designs in public spaces, typically found outdoors in the streets. Public designs are loud, dominant, and constantly on display to any passing viewer. Therefore the public design exposure is somehow imposed, always present and quickly perceived, unlike a newspaper, for example, that you have to engage with willingly and sit or stand still to read its content.

يركز هذا الفصل على التصاميم في الأماكن العامة الموجودة في الشوارع. إنها تصاميم مهيمنة وصاخبة وفي حالة من العرض الدائم على كل شخص يمر بها. لذلك فإن تلك التصاميم تفرض نفسها على المارّة وتعلن محتواها لجموع الناس بشكل دائم بالإضافة إلى أننا نرى ونفهم محتواها بسرعة ونحن نتحرك، على غرار مثلاً الجريدة التي يجب أن تحملها بملأ إرادتك وأنت جالساً أو ثابتاً لقراءة محتواها.

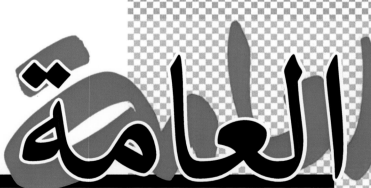

خطوط دينية

2.1/٢.١

RELIGIOUS LETTERING

REQUIREMENTS TABLE جدول الضروريات

أن تعلن	أن توصل المعلومات	أن تُعرِّف	أن تُعبر عن أفكارك	أن تعمل
TO ADVERTISE	TO INFORM	TO MARK	TO EXPRESS IDEAS	TO FUNCTION

These letterings are representations of religious beliefs and ideologies in the form of writing. We can see them presenting for example verses from the Quran, prayers, or religious preachings. Most of them are done by a calligrapher, as we can see their skill in choosing and executing different Arabic scripts while using elaborated styles and organic lines to express the emotional content of the words. We might get an idea of the people's most common hopes and prayers by reading these sentences.

هذه الخطوط تمثل نبذة عن المعتقدات والأيديولوجيات الدينية في شكل كتابات. نرى هذه الخطوط تنقل مثلاً آيات من القرآن، أدعية أو حكم ومواعظ دينية. نرى أن أغلب هذه الكتابات تُرسم على يد خطاطين ماهرين، حيث نستطيع أن نلاحظ مهاراتهم في اختيار ورسم أنواع الخطوط العربية المختلفة والتعبير عن المعنى الروحاني للكلمات بأساليب مُعبرة وخطوط انسيابية. وعندما ننظر إلى تلك الكتابات العاطفية، نطلع على أكثر صلوات وأماني المصريين انتشاراً في المجتمع.

بسم الله ما شاء الله
قل أعوذ برب الفلق

وأحسنوا إن الله يحب المحسنين

وكفى بربك هاديا ونصيرا

الله لا إله الا هو الحي القيوم لا تأخذه سنة ولا نوم
له ما فى السموات و ما فى الأرض من ذا الذى يشفع
عنده إلا بإذنه يعلم ما بين أيديهم و ما خلفهم و لا يحيطون
بشئ من علمه إلا بما شاء وسع كرسيه السموات
و الأرض و لا يؤده حفظهما وهو العلى العظيم

سبحان الله وبحمده سبحان الله العظيم

بسم الله ما شاء الله

نسخ
NASKH

ديواني
DIWANI

رقعة
RUQAA

أنماط الخطوط

SCRIPT STYLES

Religious lettering tends to use complex and detailed script styles like Thuluth and Diwani. They are not restricted to certain places or occasions and can be found anywhere, whether on walls, signs or objects, as they are used as decorative elements that have spiritual blessings.

تستخدم الكتابات الدينية بكثرة الخطوط المعقدة والمليئة بالتفاصيل مثل الثلث والديواني. لا يقتصر تواجد هذه الخطوط على أماكن أو مناسبات محددة، وإنما نجدها في كل مكان، سواءً على الحوائط أو اللافتات أو الأشياء لتزين وتملأ الأماكن بعبارات روحانية.

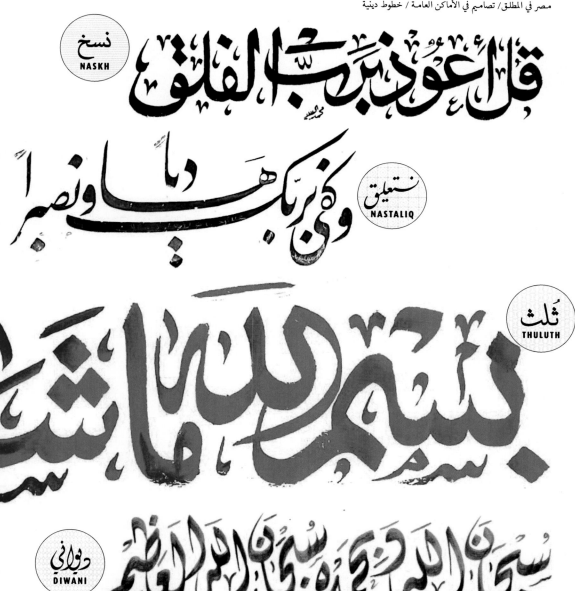

نسخ
NASKH

نستعليق
NASTALIQ

ثُلث
THULUTH

ديواني
DIWANI

خطوط دعائية

2.2/٢.٢

COMMERCIAL LETTERING

REQUIREMENTS TABLE

جدول الضروريات

أن تعلن	أن توصل المعلومات	أن تُعرِّف	أن تُعبر عن أفكارك	أن تعمل
TO ADVERTISE	TO INFORM	TO MARK	TO EXPRESS IDEAS	TO FUNCTION

Since large-scale advertising media (e.g. billboards and newspapers) are too expensive for small businesses, this type of lettering is used as an affordable way to advertise properties, products and services (e.g. personal tutoring service or car rental service). Unlike mass-printed applications, commercial lettering is executed on a very limited number of walls, and the final outcome looks different each time since it is hand-painted.

بما أن وسائل الإعلان الكبيرة (مثل الجرائد ولوحات الإعلانات الكبيرة) تعتبر باهظة الثمن بالنسبة للمشاريع الصغيرة، يتم استخدام هذا النوع من الخطوط كطريقة منخفضة التكلفة للإعلان عن الخدمات ولعرض الممتلكات أو المنتجات للبيع (مثل إعلانات الدروس الخصوصية أو خدمات تأجير السيارات). بخلاف الإعلانات التي تُطبع وتُوزع على نطاق واسع، يتم تنفيذ هذه الإعلانات على عدة حوائط محدودة ويختلف شكلها النهائي قليلاً كل مرّة لأنها مرسومة باليد.

هناك دائماً طريقة جديدة وغير تقليدية للوصول إلى أهدافك

NASTALIQ

2.2.1 / ٢.٢.١

إعلانات البرونز

BRONZE ADVERTISEMENT

This "bronze" lettering is painted or sprayed on the surface of public walls which determines the final design dimensions. We can see them having a lot of details and small type sizes because they are viewed up close at eye-level. With their decorative elements, flashy colors, and usage of glitter ("Bronze"), bronze letterings are not only a commercial tool but also an appealing artwork.

يتم رسم أو رش خطوط «البرونز» على الحوائط في الأماكن العامة، و يُحدِّد حجم الحائط أبعاد التصميم الأخيرة. يتم إضافة الكثير من التفاصيل والكتابات بأحجام صغيرة في هذه الإعلانات لأن الجمهور يراها عن قرب على مستوى النظر. إعلانات البرونز ليست أداة دعائية فقط إنما هي عمل فنّي يتمتع برؤيته المارة بالشوارع بسبب عناصره التزيينية، وألوانه البراقة، واستخدامه الغليتر اللامع (البرونز).

SCRIPT STYLES

These ads mostly use freestyle, Naskh and Ruqaa scripts, since they are easily and quickly executed in comparison to the more complex Thuluth. Beside them, we can spot the designer's signature.

أنماط الخطوط

هذه الإعلانات تستخدم بالأغلب الخطوط الحرة وخط النسخ وخط الرقعة، لسهولة وسرعة كتابتهم بالمقارنة بخط الثلث الأكثر تعقيداً. وبجانبهم نرى إمضاء مصمم الإعلان.

نسخ
NASKH

رقعة
RUQAA

خطوط حرة
FREESTYLE

للكلمة المكتوبة صوت يُسمع من بين أعلى الأصوات

خطوط جمالية

2.3/٢.٣

DECORATIVE LETTERING

REQUIREMENTS TABLE

جدول الضروريات

أن تعـــلن	أن تـوصل المعلومات	أن تُعـــرِّف	أن تُعـبرعن أفكارك	أن تعمـــل
TO ADVERTISE	TO INFORM	TO MARK	TO EXPRESS IDEAS	TO FUNCTION

These letterings on objects or walls in public spaces tend to focus on drawing beautiful phrases while giving little attention to the message behind them, unlike the strong messages of religious and commercial lettering that communicate clear and strong messages. These letterings celebrate the Arabic letterforms as an aesthetic element (e.g. the Ful cart lettering), but can also have some informative aspects (e.g. labeling something or guiding people).

يتم استخدام هذه الخطوط على الأشياء أو الحوائط العامة لكتابة عبارات تهدف إلى صناعة شكل جمالي، مع إعطاء اهتماماً أقل للمعنى ورائهم، على عكس الكتابات الدينية أو الدعائية التي تهدف إلى بث رسائل ومعاني قوية. تلك الكتابة الجمالية تحتفل بأشكال الحروف العربية كعنصر جمالي (مثل الكتابات على عربة الفول)، ولكن قد يكون لها أيضاً بعض الجوانب الإعلامية (مثل تسمية الأشياء أو إرشاد المارّة).

إن الله جميل يحب الجمال

2.3.1 / ٢.٣.١

كتابات تعريفية

INFORMATIVE DECORATIVE LETTERING

This type of decorative lettering is the most functional because it conveys information about the object or entity on which it is drawn, whether the information is naming or sending warning messages (e.g. "This bin belongs to the neighborhood of Shobra," "This is a private garage," or "Please do not place any objects around the shop"). Therefore, this type of lettering is generally less embellished in its forms, in comparison to the attention-grabbing decorated commercial lettering.

يُعد هذا النوع من الخطوط الجمالية هو الأكثر عملية لأنه يُستخدم في توصيل معلومات معينة عن شيء أو كيان ما، سواءً كانت تلك المعلومة هي اسم الشيء أو عبارة تحذيرية عن هذا الشيء (مثل «هذه السلة ملك حي شبرا»، «هذا جراج خاص» أو «من فضلك لا تترك أي مخلفات أمام المحل»). وبالتالي، نرى أن هذا النوع من الخطوط الجمالية هو أكثر بساطة وأقل تزييني وزخرفة، بالمقارنة بالخطوط الدعائية المزينة والجاذبة للانتباه.

إن الأهداف الموثقة أكثر قابلية للتحقيق

2.3.2/٢.٣.٢

كتابات المدارس

SCHOOL DECORATIVE LETTERING

These letterings are used for embellishing the walls of schools with religious and motivational phrases. Their type of messages can be religious (e.g. "Read in the name of the Lord, your creator), advice (e.g. "Always ask for knowledge"), motivational (e.g. "Knowledge is light"), or even welcoming messages (e.g. "Welcome, our dear visitors"). In these designs it is very uncommon to use illustrations without typography.

يتم استخدام هذا النوع من الخطوط الجمالية لتزيين حوائط المدارس بالعبارات الدينية أو الحماسية. تختلف معاني هذه الكتابات، فنرى منها الدينية (مثل «اقرأ بسم ربك الذي خلق»)، أو الناصحة (مثل «اطلبوا العلم من المهد إلى اللحد»)، أو الحماسية (مثل «العلم نور»)، أو الترحيبية (مثل «مرحباً بالسادة الضيوف»)، ونادراً ما يتم استخدام الرسومات وحدها بدون استخدام الخطوط.

هناك روح فريدة في كل عبارة مكتوبة

2.3.3/٢.٣.٣

كتابات عربة الفول

FUL CART DECORATIVE LETTERING

The Ful (cooked mashed fava beans) cart is a food vendor that serves the famous local Egyptian breakfast consisting of Ful, Taameya (falafel), fries and more. Its iconic design is known for its flashy colors and unique decorative lettering that is used to embellish the cart with religious and slang phrases. These carts have a similar construction layout that makes it easier to compare their design elements, especially letterings. They mostly use Naskh and freestyle, with some Ruqaa and Thuluth.

إن عربة الفول هي عربة مخصصة لبيع الإفطار المصري الشهير المكون من الفول، الطعمية (الفلافل)، البطاطس المقلية وغيرها. يتميز تصميمها المشهور بالألوان المشبعة والخطوط الجمالية المميزة، حيث يتم استخدام تلك الخطوط من أجل تزيين العربة بعبارات دينية وشعبية مختلفة. نلاحظ أن التصميم التخطيطي متشابه جداً بين أغلب العربات المختلفة، مما يُسهل المقارنة بسهولة بين عناصر تصميمها الجرافيكية وبالأخص الخطوط. ينتشر استخدام خط النسخ والخطوط الحرة مع القليل من خط الرقعة وخط الثلث.

نستعليق
NASTALIQ
عروسة الميدان
كلوا من طيبات ما رزقناكم
كن مع الله

رقعة
RUQAA
لا قوة إلا بالله
توكلت على الله
ديواني
DIWANI

خطوط حرة
FREESTYLE
فول عروسة الميدان
كلوا من طيبات ما رزقناكم
سبحان

نسخ
NASKH
نستعليق
NASTALIQ
بالهنا والشفاء
قل اعوذ برب الناس
سبحان الله وبحمده سبحان الله العظيم
قل اعوذ برب الفلق

TESTING THE DESIGN

What if we redesign the Ful cart to look more modern by using simple elements and digital typefaces? Here, we tried to experiment by replacing the freestyle hand-painted lettering with the modern typeface "DIN Arabic" by Nadine Chahine (a hybrid of Kufi and Naskh) and the illustrations with modern symbols. The original 'local' spirit of the cart is now transformed into another commonly seen design and its visual character which lies in the imperfectly hand-painted letters and illustrations is lost. On the right page, we see how the cart with its original design is more visually integrated in Egypt than in the Czech Republic (as an example of a foreign country). This confirms that visual culture is often reflected in the characteristics and details of a design.

اختبار التصميم

ماذا إذا أعدنا تصميم عربة الفول بطريقة حديثة من خلال استخدام عناصر أبسط وخطوط مبرمجة؟ حاولنا هنا إجراء تجربة من خلال استبدال الخطوط الحرة المرسومة باليد بنوع أكثر حداثة وهو «دين عربي» من تصميم نادين شاهين (خط هجين بين الخط الكوفي والنسخ) وقمنا باستبدال الرسومات ببعض الرموز الحديثة. وفي النهاية، نرى أن شكل العربة تغير تماماً من تصميمها ذا الروح «المحلية» لآخر حديث ومنتشر بين أوساط التصميم الحديثة واختفت الشخصية الفريدة للعربة الكامنة في الرسم الغير مثالي للحروف والرسومات. على الصفحة اليمنى، نجد العربة بتصميمها الأصلي قد انسجمت جيداً مع البيئة المصرية بينما نراها ليست بنفس الانسجام في شوارع التشيك (مثال لبلد أجنبي). وهذا دليل على أن الثقافة المرئية تنعكس غالباً على مميزات وتفاصيل التصاميم.

EGYPT

مصر

CZECH REPUBLIC

جمهورية التشيك

خطوط عشوائية

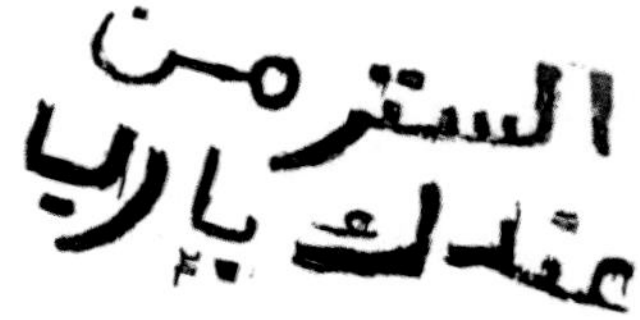

2.4/٢.٤

MISCELLANEOUS LETTERING

REQUIREMENTS TABLE | جدول الضروريات

أن تعلن	أن توصل المعلومات	أن تُعرِّف	أن تُعبرعن أفكارك	أن تعمل
TO ADVERTISE	TO INFORM	TO MARK	TO EXPRESS IDEAS	TO FUNCTION

These letterings on walls or objects in public places do not serve a certain purpose other than documenting people's random expressions and thoughts. The purpose and message behind these writings are as accidental as the thoughts of people passing by in the streets. Therefore, the script styles used are not defined, and Naskh or free styles are more common since they are easily written by hand. They are unique and different in comparison to each other because their tool, their style of writing, and their writing surface are random.

لا تقدم هذه الخطوط، الموجودة على الأشياء والحوائط في الأماكن العامة، أي غرض محدد سوى التوثيق والتعبير عن أفكار وآراء الناس العشوائية. الهدف والمعنى وراء هذه الكتابات هو عابر وعشوائي، كأفكار الناس المارة في الشوارع، ولذلك لا نرى استخدام واضح لأنواع من الخطوط، وإنما نجد معظمها تعتمد على الخطوط الحرة وخط النسخ المعروفين بسهولة كتابتهما بخط اليد. إن هذه الكتابات من أكثر الخطوط اختلافاً في الشكل النهائي عن نظيراتها من الخطوط الأخرى لأن كلٍ من أداة الكتابة، وأسلوب الكتابة، والسطح الذي يكتب عليه عشوائيين.

الستر من
عندك يا رب

كوفي
KUFI
رقمي
DIGITIZED
مراد موافى
كلمة وطن

خطوط حرة
FREESTYLE

خطوط حرة
FREESTYLE

2.4.1/٢.٤.١

غرض عشوائي
MISCELLANEOUS PURPOSE

These writing pieces have a minimal design process behind their visual result, and therefore might not be categorized as 'lettering'. In some way, those phrases symbolize the background noise behind the bigger rhythm of the visual culture.

لا نستطيع أن نصنف تلك الكتابات على أنها خطوط مصممة لأنها تفتقد إلى وجود عملية تصميمية وإنما هي كلمات عشوائية مكتوبة تمثل الخلفية الصاخبة وراء الإيقاع الأكبر لهذه الثقافة المرئية.

2.4.2 / ٢.٤.٢ جرافيتي عشوائي
MISCELLANEOUS GRAFFITI

This type of graffiti is more informative than other miscellaneous writings because it communicates political messages. In comparison to graffiti illustrations, the messages and visual results are basic and less elaborate, and the designs appear to be executed quickly with stencil and paint spray.

هذا النوع من الجرافيتي يكون أكثر إفادة بالمعاني والمعلومات عن الكتابات العشوائية الأخرى لأنه يحتوي على رسائل سياسية. بالمقارنة برسومات الجرافيتي، تبدو معاني وأشكال التصميم للجرافيتي العشوائي بسيطة ومُنفذة بسرعة باستخدام الطبع بالاستنسل ورشاش الطلاء.

مراد موافي
كلمة وطن

٢٥ يناير
العدالة الاجتماعية

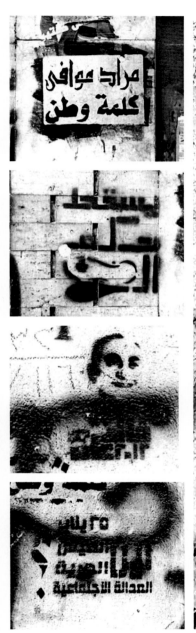

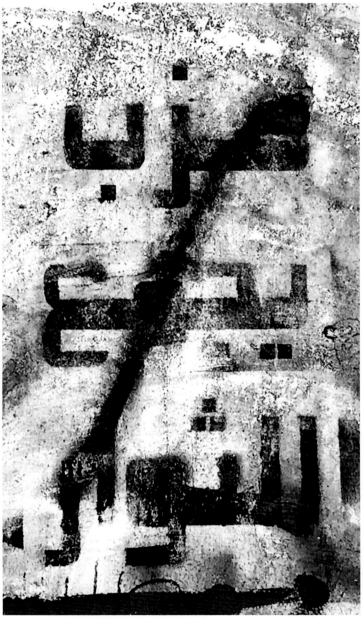

لافتات توجيهية

2.5 / ٢.٥

ORIENTATION SIGNS

REQUIREMENTS TABLE — جدول الضروريات

أن تعلن	أن توصل المعلومات	أن تُعرِّف	أن تُعبر عن أفكارك	أن تعمل
~~TO ADVERTISE~~	~~TO INFORM~~	~~TO MARK~~	~~TO EXPRESS IDEAS~~	TO FUNCTION

These signs in public places help individuals navigate their environment. What's special is that we can find beside the government official signs, unofficial independent ones, created by individuals for personal or commercial purposes. We can see how people have understood the importance of navigation, creating their own version with available material, sometimes following the same visual codes as those of the official ones and other times not abiding by them.

إن هذه اللافتات العامة نستخدمها لتسهيل تجوال الناس في البيئة. المميز في مصر أنه بجانب وجود تلك اللافتات الرسمية توجد أخرى غير رسمية صممها أفراد بطريقة مستقلة من أجل أهداف شخصية أو تجارية. نرى أن الناس قد فهموا ضرورة تسهيل التجوال في الشوارع للمارة وصنعوا نسختهم الخاصة منها، باستخدام ما لديهم من موارد متاحة، أحياناً باتباع نفس القواعد المرئية للافتات الرسمية وأحياناً أخرى بدون أي قيود.

وزارة الصحة
المعامل المركزية

سمير نجيب

P
مدخل الجراج
Parking Entrance

Ford
OPEL
عادل شحاته
لقطع غيار السيارات
ت : ٢٥٧٤٤٩١٢

عبور مشاة
المجمع
Mogamma
شارع القصر العينى
Kasr El Ainy St.

ممنوع الوقوف قطعيا

2.5.1/٢.٥.١ لافتات رسمية

FORMAL SIGNS

These are official signs commissioned by the government to be designed for and installed in public areas. They can be considered one of the most visually consistent systems in this culture, due to both using international standards of road signs and, obviously, having a single entity supervising all the signs.

هـذه اللافتـات هي اللافتـات الرسميـة الـتي صنعـت تحـت إشراف الحكومـة وتم تركيبها في الأماكـن العامة لتسهيـل حركـة المرور بالشوارع. يمكـن اعتبارهـا أحـد أكـثر الأنظمـة المرئيـة تناسقاً وترابطـاً في هـذه الثقافة المرئيـة، وذلـك بسـبب اسـتخدامها للمعايـير الدوليـة للافتـات الطـرق وأيضاً لإشراف مؤسسة واحدة على كل اللافتات.

#0055A4

ش. شجرة الدر
ش. حسن عاصم
ش. أحمد صبرى
عالمية
33 444 901

ط. أسكندرية الزراعى
7 Km
Alex Agricul
ط. أسكندرية الصحراوى
32 Km
Alex Desret
ط. الفيوم
34 Km
Faiyum

ط. شبرا/ بنها الحر
ShubraBenh Free Rd.
مسطرد / الأميرية
Musturud / El Amiriya
ط. إسماعيلية الزراعى
Ismailia Agr. Rd

ش. الطيران
ش. ابن فضلان
ش. خضر التونى

ش. حسن عاصم
ش. 26 يوليو
ش. شجرة الدر
ش. أحمد صبرى

FREE مفتوح
FULL كامل العدد
P
مركز البستان التجارى
AL BOUSTAN COMMERCIAL CENTRE

2.5.2/٢.٥.٢ لافتات غير رسمية

INFORMAL SIGNS

These signs are individual solutions to provide orientation in the environment. They can have endless design variations since they are not monitored by a single entity and they are done mainly for commercial purposes (e.g. guiding us towards stores). They might be done by a small district management, which makes them both semi-official yet still different from formal signs.

تمثل هذه اللافتات حلولاً فردية لتقديم الإرشادات التوجيهية في البيئة، ولها نتائج لا حصر لها من التصميمات المختلفة نظراً لعدم مراقبتها من قبل مؤسسة واحدة، وغالباً ما يصنعها الناس لأسباب دعائية (مثل توجيهنا نحو محلهم التجاري). قد تضعها أحياناً إدارة حي صغير ما يجعلها شبه رسمية ولكن لاتزال مختلفة الشكل عن اللافتات التوجيهية الرسمية.

PROVIDING DIRECTION

The design of these informal signs and their plate size change every single time. Individuals seem to emphasize the arrow as very bold and sharp, and each arrow is illustrated differently from the others. They do not only suggest a direction: they demand it.

توجيه الحركة

نرى أن مقاسات هذه اللافتات ومادة صنعهم تختلف كل مرة، ونلحظ الإهتمام الخاص بإبراز سهم الاتجاه الغليظ والكبير الذي يتم رسمه في كل لافتة بطريقة مختلفة عن الأخرى. هذه الأسهم صاخبة لدرجة أننا نحس أنها لا توحي بالإتجاه وإنما تفرضه.

GUIDING MOVEMENTS

الحركات الإرشادية

لافتات تعريفية

2.6/٢.٦

IDENTIFICATION SIGNS

REQUIREMENTS TABLE

جدول الضروريات

أن تعلن	أن توصل المعلومات	أن تميز	أن تقول آراء شخصية	أن تعمل
TO ADVERTISE	TO INFORM	TO MARK	TO EXPRESS IDEAS	TO FUNCTION

These signs, different in shape and size, are used to label something with its name, whether it is a doctor's clinic, a name of a street, a name of a building or the serial number of an electricity meter. Notably, the same idea of naming something is used for different purposes; the street names help in navigation, the building labels advertise businesses in the building, electricity applications help the electricity company differentiate between different apartment meters, and sewer covers help mark the positions of the sewer openings.

يتم استخدام هذه اللافتات المختلفة الأحجام والأشكال للإعلان عن اسم مميز لشيء ما، سواءً كان هذا الشيء اسم عيادة طبيب، أو اسم شارع، أو اسم بناية، أو رقم تسلسلي لعدّاد كهرباء لمنزل. الملفت للنظر أن نفس فكرة التصميم الذي يستخدم التسمية لتمييز الأشياء يتم استخدامه أيضاً لتلبية أغراض مختلفة؛ فاسم الشارع يساعد على التجوال في البيئة، ولوحات المباني تُروج لأسماء الشركات والأعمال في شقق البناية، وتطبيقات الكهرباء تساعد شركة الكهرباء على تمييز عدّادات الشقق المختلفة، وأغطية المجاري تُميز أماكن فتحات المجاري.

دكتور
شريف عبدالهادى
دكتوراه جراحة القلب والصدر
الدور الرابع

شارع ٢٦ يوليو
26 JULY ST.

شركة محمد جابر
لاستيراد الأدوات لمنزلية
مكتب رقم (٩)

دكتورة
مهانظمي عبدالملك
أخصائية
الجلدية والتناسلية والعقم
دبلوم الدراسات العليا - طب عين شمس

سمير محمد الربيعي
المحامى
بالنقض والإدارية والدستورية العليا وعضو اتحاد المحامين العرب

وقف
نمره ٦٦٥
خيرى

دكتور محمد جوده
المواعيد من الصباح الى المساء

SHARIA
EL BAHA ZUHER

ثُلث
THULUTH

2.6.1/٢.٦.١

لوحات أسماء الشوارع

STREET NAMEPLATES

These unique plates identify the name of the street and are composed of embossed or painted calligraphy, usually in an old script style on a blue background framed by a white border. The calligraphy on these plates was first executed by the great calligrapher Mohamed Bek Gaafar and since then the best calligraphers are chosen to execute them in a similar calligraphic style. These plates focus less on guiding people and more on projecting the beauty of Arabic script, creating an aesthetic rather than a practical design. Those old complex scripts contributed in creating this unique design but perhaps those plates would have been more readable if they were executed in a simpler calligraphic style.

تعلن هذه اللوحات عن اسم الشارع الموجودة فيه ويتكون تصميمها من الخطوط القديمة، مرسومة أو محفورة على خلفية زرقاء ومُحددة بخط أبيض غليظ. تم خط أوائل هذه اللوحات على يد الخطاط الكبير محمد بك جعفر ومنذ ذلك الحين يقع الاختيار على أفضل الخَطَّاطين لرسمها بنفس الخط والنمط. نجد هنا أن تركيز هذه اللوحات لا ينصب بالكامل على تصميم اللوحة الأساسي من حيث استخدامها لتوجيه المارة، وإنما انصب أكثر على عرض أجمل الخطوط العربية، ما ينتج عنه شكل جمالي أكثر منه عملي. في حين أسست أنواع الخطوط القديمة والمعقدة القاعدة المرئية الفريدة لتصميم هذه اللوحات التي ربما كانت لتصبح أسهل في القراءة لو تم تنفيذها بخطوط أكثر بساطة.

REUSING THE VISUAL CODE

إعادة استخدام القاعدة المرئية

TIME LINE OF THE DESIGN

By documenting as many nameplates as possible, we can see their visual progression and evolution over time. Here, we tried to experiment with the nameplate's visual code (lower right page) by replacing the street name "Darb Saada" with the funny sentence "Hamada went to eat" to see how it will affect the design. At a first glance, we think this new sentence is a street name which shows the strength of its visual code.

التسلسل الزمني للتصميم

بعـد جمـع أكـبر عـدد ممكـن مـن لوحـات أسماء الشـوارع، نسـتطيع أن نرى أن تصميمها في تطور وتقدم مسـتمر. مـن أجـل اختبـار قـوة هذا التصميـم، اسـتبدلنا (في أسـفل الصفحـة اليمـنى) اسم الشـارع «درب سـعادة» بالجملة الأخـرى المضحكة «حمـادة راح يأكل»، لـنرى مـا مـدى تأثيرهـا عـلى التصميم. فعنـد النظـرة الأولى للوحـة الجديـدة، نظن أن هـذه الجملـة هي اسم الشـارع مـا يثبـت قـوة هـذا التصميـم.

منطقة العترييس
AL ATREES AREA
15 | ١٥
شارع البُستان
20 | ٢٠
شارع يوسف الجندى
YOUSEF EL GINDY St.
درب قرمز
DARB QORMOZ
شارع طلعت حرب
TALAAT HARB ST.
عمارة ١٨
مربع ١٣١٦
شارع أحمد لطفى

درب سعاده
DARB SAADA

حمادة راح ياكل
HAMADA WENT TO EAT

2.6.2/٢.٦.٢ لوحات المباني

BUILDINGS LABELS

These labels are placed on the outer facades to advertise the different businesses in the same building (e.g. a dental practice or a lawyer's office). They mainly use typography and are usually hand-painted or printed, but rarely carved. The business owner's name usually appears in a large and dominant size in the design since it is also the name of the business (e.g. Mr. Mahmoud Moataz Consultancy).

يتم وضع هذه اللوحات على الواجهة الأمامية للبنايات كدعاية للشركات الموجودة داخل البناية (مثل عيادة طبيب أسنان أو مكتب محاماة). تعتمد هذه اللوحات على الخطوط وغالباً يتم رسمها باليد أو طباعتها، ونادراً ما نراها محفورة. ويظهر دائماً اسم صاحب الشركة بحجم كبير في التصميم لأنه عادةً ما تُسمى الشركة على اسم مالكها (مثل مكتب الأستاذ محمود معتز للاستشارات).

LABEL POSITIONS

أماكن اللوحات

OUTER BUILDING المبنى من الخارج	**OUTSIDE OF ENTRANCE** المدخل من الخارج	**INNER ENTRANCE** المدخل من الداخل

دكتور
سمير حليم
دكتورة
نادية نظير
دكتور
مارك رابيل
دكتور
وجدى عبد المسيح
دكتورة
كريستين رابيل
الأستاذ الدكتور
سمير السيد سليم
استشاري جراحة العظام والمفاصل
عيادة د. كامل للأسنان
CENTER
محمد حسنين
سحر العيون
للعدسات اللاصقة

C.L.T.A
Creative Learning Training Academy
GENEARAL ENGLISH
CONVERSATION
ACCOUNTING DIPLOMA
SOFT SKILLS
TOEFL
ESP
الدور الثالث
CALL US
0120-727-2566
0111-058-1243
10 AM TO 10 PM

ELE
JECT
FLAT 502
MAC
للتجارة
ARAB
FOREIGN

VISUAL LOGIC

It is confusing how sometimes some building labels lack visual consistency when it is needed, like using different label designs for the same company on a facade and, on the other hand, use visually similar labels for different companies. Is it better to unify all the labels of a single building to reduce visual noise, or to keep each label unique in order to visually differentiate separate companies? Considering that when closely combined, these labels will create a large content page of endless names that is hard to read, making it hard to find what you are looking for.

المنطق المرئي

المحيِّر أحياناً في تصميم لوحات المباني أنها تفتقر إلى التميز البصري عندما تحتاجه على سبيل المثال، عندما تستخدم تصاميم لافتات مختلفة لنفس الشركة في بعض واجهات المباني، بينما يوحِّد شكل تصميم اللافتات للشركات المختلفة في واجهات أخرى. فهل من الأحسن توحيد كل تصاميم اللافتات الموجودة على نفس المبنى، أم أن الأفضل إبقاء كل لوحة فريدة بتصميمها للتفرقة بصرياً بين الشركات المختلفة؟ علماً بأنه مع جمع كل اللوحات معاً على مساحات متقاربة، قد يخلق صفحة هائلة من الأسماء ويتسبب هذا في صعوبة قراءة أياً منها، وبالتالي يصعِّب ذلك العثور على ما تبحث عنه.

2.6.3 / ٢.٦.٣ تطبيقات الكهرباء
ELECTRICITY APPLICATIONS

ELECTRICITY METER NUMBER

رقم عداد الكهرباء

To understand these designs, we need to understand how the system works. For electricity to reach our homes, we need to connect it to the main power distribution panel, connected to the building distribution panel, connected to the floor distribution panel, connected to the apartment power panel, as shown on the right page. The latter is connected to the electricity meter, installed inside the apartment, which measures the amount of electricity consumption and calculates your electricity bill (p. 217). The electricity meter number is only an informative application, to mark the apartment by its registered meter/account number.

من أجل فهم هذه التصميمات، يجب علينا أولاً فهم كيف يعمل نظام تحصيل الكهرباء بشكل عام. حتى تصل الكهرباء إلى منازلنا، يجب أن نوصل الكهرباء إلى لوحة توزيع الكهرباء الرئيسية، التي تتصل بلوحة توزيع الكهرباء للمبنى، ثم بلوحة التوزيع للطابق، ثم بلوحة كهرباء الشقة، كما هو موضح في الصفحة اليمنى. وفي النهاية، تتصل لوحة كهرباء الشقة بعداد الكهرباء داخل الشقة الذي يقيس مقدار استهلاك ساكني الشقة للكهرباء ويساعد على حساب فاتورة الكهرباء الخاصة بك (ص ٢١٧). يعتبر رقم هذا العداد مجرد تطبيق إعلامي ببياناتك، ليميز الشقة من خلال الإعلان عن رقم الحساب أو العداد الخاص بها.

ELECTRICITY METER عداد الكهرباء

MAIN POWER DISTRIBUTION PANEL لوحة توزيع الكهرباء الرئيسية

BUILDING DISTRIBUTION PANEL لوحة توزيع الكهرباء للمبنى

FLOOR DISTRIBUTION PANEL لوحة توزيع الكهرباء للطابق

APARTMENT POWER PANEL لوحة كهرباء الشقة

2.6.4/٢.٦.٤

أغطية المجاري

SEWER COVERS

Sewer covers are round metal plates used to cover sewer access. The designs are molded in an engraved mold, and have the very basic function of marking their position. The typography, symbols, lines, and patterns in the design do not demand attention but are recognized only when we are looking for the covers. They are meant to be low profile and very durable in the environment.

هذه الأغطية هي لوحات معدنية دائرية تُغَطي مدخل الصرف الصحي. يتم صب التصميمات في قوالب محفورة، ووظيفتها هي تحديد موقع فتحات المجاري. الحروف، والرموز، والخطوط، والأنماط الموجودة في تصاميمها لا تطلب منا الانتباه إليها ولكن في نفس الوقت نستطيع أن نميز ونجد هذه الأغطية عندما نبحث عنها. لقد صُممت لتكون غير جاذبة للانتباه وتعيش لسنوات وعقود في البيئة.

تواريـخ الصنع

DATES OF PRODUCTION

2013 ٢٠١٣

1985 ١٩٨٥

1991 ١٩٩١

2016 ٢٠١٦

1990 ١٩٩٠

2010 ٢٠١٠

لافتات المحلات

المرسومة باليد

2.7 / ٢.٧

HAND-PAINTED RETAIL SIGNS

REQUIREMENTS TABLE — جدول الضروريات

أن تعـــــلن	أن تـوصل المعلومات	أن تُعـــرِّف	أن تُعــبر عن أفكارك	أن تعمـــــل
TO ADVERTISE	TO INFORM	TO MARK	TO EXPRESS IDEAS	TO FUNCTION

Commercial retail signs are categorised according to their production methods. Each of the hand-painted, three-dimensional, or printed signs grab the viewer's attention in its own unique way. This first type of retail sign, the hand-painted signs, grab attention by their vibrant paint colors and intricate Arabic scripts that are usually executed by a calligrapher.

أنواع لافتات المحلات مقسمة في هذا الكتاب على حسب طريقة إنتاج التصميم. كل من اللافتات المرسومة باليد، أو ثلاثية الأبعاد، أو المطبوعة تجذب انتباه المارة بطريقتها الخاصة. تجذب اللافتات المرسومة باليد الانتباه، وهي أول نوع من اللافتات، من خلال ألوانها البراقة التي تكون نتيجة استخدام ألوان الطلاء، وخطوطها مُتقنة الرسم التي ترسم في أغلب الأحيان على يد خطاط.

التجمّل بالأدب عنوان سعادة المرء

DESIGN ELEMENTS

Shop name
Graphic effects
About the store
Religious phrases

عناصر التصميم

اسم المحل
التأثيرات الجرافيكية
نبذة عن المحل
عبارات دينية

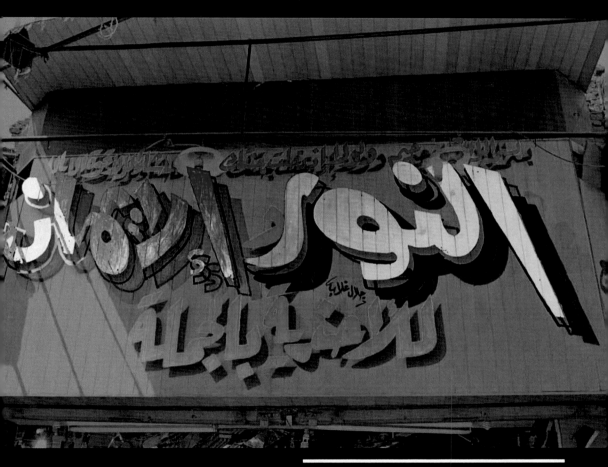

ANATOMY

التركيب الهيكلي

خطوط حرة
FREESTYLE

نستعليق
NASTALIQ

رقعة
RUQAA

ديواني
DIWANI

نسخ
NASKH

ثلث
THULUTH

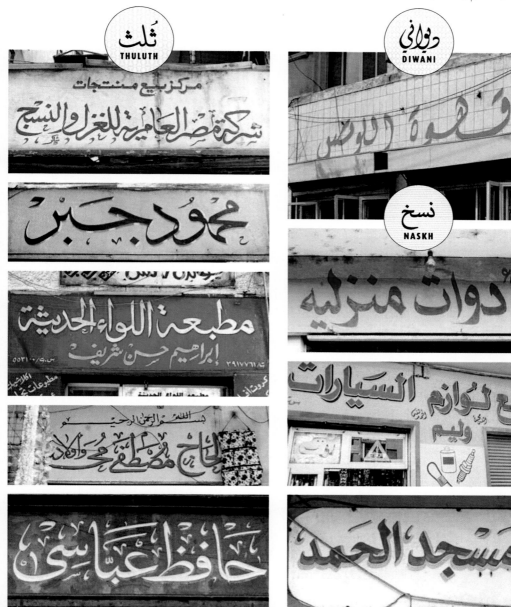

As God wills; there is no power except through God

In the name of God, the Gracious, the Merciful

Praise be to God

God is the greatest

SIGNATURES AND RELIGIOUS PHRASES

We can find various religious phrases around the store information on the hand-painted retail signs, sometimes to bring blessings or perhaps to protect their store from the evil eye. We can also find the proud signature of the sign designers as means to market themselves (similar to the commercial lettering, p. 76).

التوقيعات والعبارات الدينية

يمكننا أن نرى جمل دينية على اللافتات المرسومة باليد حول بيانات المحل الأساسية لعدة أسباب، منها للإحساس بالبركة أو لحماية المحل من عين الحسود. كما تتميز أيضاً بوجود إمضاء مصممي اللافتات كنوع من الدعاية لأعمالهم (كما في الخطوط الدعائية، ص ٧٦).

As God wills

God is the greatest

There is no power except through God

Praise be to God

God is compassion

RELIGIOUS SIGNS

Shop owners sometimes choose to write a religious phrase instead of putting an actual name for the store. This results sometimes in a purely religious sign, with no commercial name whatsoever.

In the name of God, as God wills

As God wills; there is no power except through God

Glory be to Allah. Praises be to Allah. There is no God but Allah. Allah is the greatest. There is no power but that granted by Allah

Say, "I take refuge with the Lord of Daybreak"

اللافتات الدينية

يفضل أصحاب المحلات أحياناً أن يكتبوا عبارات دينية بدلاً من كتابة اسمًا مميزًا للمحل، ما يؤدي إلى أن تكون لافتة محلهم دينية بالكامل بدون أي اسم تجاري.

PRODUCTION PRIVILEGES

Many interesting design outcomes result from their production method. Using the brush and paint as execution tools allows the design to cope with different surfaces, providing great flexibility to be incorporated into the architecture of the shop.

مميزات طريقة التنفيذ

الكثير من التصاميم المثيرة للاهتمام جاءت نتيجة طريقة تنفيذها، فهنا نرى أن استخدام الفرشاة والطلاء لرسم اللافتة تتيح للتصميم أن يتأقلم على الأسطح المختلفة، ما يوفر مرونة كبيرة ليُدمج التصميم داخل الطابع المعماري للمحل.

TESTING THE DESIGN

Here, we tried an experiment on this traditional and serious-looking sign by replacing its title "Haj Mostafa & Sons" with a funny message saying "I love Shikidodo" in the same visual code. We see that the new design (to the right) still communicates the same feeling of the sign.

اختبار التصميم

حاولنا هنا إجراء تجربة على هذه اللافتة التي تبدو تقليدية وجدية من خلال استبدال اسم المحل «الحاج مصطفى وأولاده» بالعبارة المضحكة «انا بحب الشيكيدودو» بنفس القواعد المرئية، ووجدنا أنه لازال التصميم الجديد (على اليمين) ينقل التأثير المرئي بنفس القوة والأصالة.

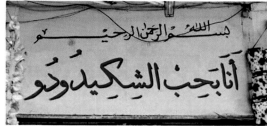

لافتات المحلات

ثلاثية الأبعاد

2.8/٢.٨

THREE-DIMENSIONAL RETAIL SIGNS

REQUIREMENTS TABLE — جدول الضروريات

أن تعلن	~~أن توصل المعلومات~~	أن تُعرِّف	~~أن تُعبر عن أفكارك~~	~~أن تعمل~~
TO ADVERTISE	~~**TO INFORM**~~	**TO MARK**	~~**TO EXPRESS IDEAS**~~	~~**TO FUNCTION**~~

This second type of retail sign depends on extruded three-dimensional forms to grab attention. The advantage lies in showcasing the letterforms from many angles, and not only the front like hand-painted signs. This creates a design strong enough not to rely on any additional elements and, therefore, results in a simpler, less cluttered design. On another note, it is hard to keep them clean because of dust accumulating in their grooves in our dusty weather.

هذا النوع الثاني من أنواع لافتات المحلات يعتمد على صناعة عناصر اللافتة من أشكال بارزة ثلاثية الأبعاد. تجذب هذه اللافتات الانتباه من خلال أشكالها التي نراها من زوايا متعددة وليس فقط من الأمام كاللافتات المرسومة باليد. هذه الخاصية تقدم تصميم قوي كفاية، فلا نحتاج لإضافة أي عناصر أخرى مما يجعل التصميم بسيطاً وغير مكتظ. وعلى صعيد آخر، فمن الصعب إبقاء هذه اللافتات نظيفة بشكل مستمر بسبب ترسب الكثير من الأتربة داخل تجويفاتها خاصةً في جَونا المغبر.

أحمد عبد الحليم
PATISSERIE El Sharkia
COTTONIL
COTTONIL
COTTONIL
COTTONIL
F. MORCOS
CHARCUTERIE
ROYALE
أطلس للديزل
ATLAS DIESEL CO.
MICO
BOSCH
ZEXEL

DESIGN ELEMENTS

Shop name
No graphic effects
No statement about the store
No religious phrases

عناصر التصميم

اسم المحــــل
لا توجد تأثيرات جرافيكية
لا توجد نبذة عن المحل
لا توجد عبارات دينية

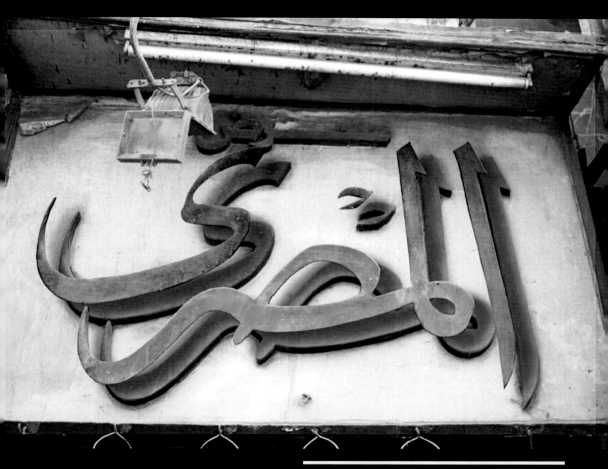

ANATOMY

التركيب الهيكلي

رقعة
RUQAA

ثُلث
THULUTH

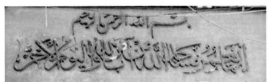

خطوط حرة
FREESTYLE

نستعليق
NASTALIQ

ديواني
DIWANI

كوفي
KUFI

رقمي
DIGITIZED

نسخ
NASKH

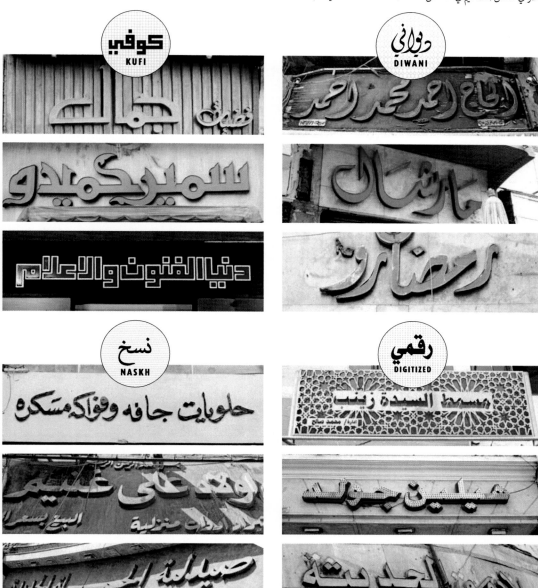

NATURAL EFFECTS

Because the elements of the 3D signs are extruded, they interact with the environment and weather. As a result, they create graphic effects (e.g. outer shadows, inner shadows, accentuated outlines, light reflections, or coloring by dust) influenced by the natural and environmental conditions, and depending on the time of the day (e.g. extruded type creates a 2D drop shadow when the sharp sunlight hits it at noontime).

المؤثرات الطبيعية

لأن عناصر اللافتة ثلاثية الأبعاد بارزة، فإنها تتفاعل مع البيئة والجو المحيط بها. ونتيجةً لذلك تصنع مؤثرات جرافيكية (مثل ظلال خارجية، أو ظلال داخلية، أو تخطيطات بارزة، أو انعكاسات الضوء، أو ألوان ناجمة عن الغبار) بشكل طبيعي نتيجة لمؤثرات المناخ، وعلى حسب التوقيت التي نراها فيها (فعلى سبيل المثال، تصنع الحروف ظل حاد ثنائي الأبعاد تحتها عندما تلمسها أشعة الشمس الحادة ظهرًا).

PRODUCTION PRIVILEGES

Many interesting design outcomes result from their production method. Having the design elements (in this case words) separate, mobile and out of solid material, has enabled the designer to fix them nearly anywhere on the facade around the store, as long as it can hold it. But what if those words were hand-painted? The second picture from the top shows how the letterforms are now distorted when they depended on the uneven surface behind them.

مميزات طريقة التنفيذ

الكثـير مـن التصاميـم المثيرة للاهتـمام جـاءت نتيجـة طريقـة تنفيـذ التصميم، فهنـا نـرى أن وجود عناصر التصميم (وفي هذه الحـالة الكلمـات) بصـورة منفصلة، قابلـة للتحـرك ومصنوعـة مـن مواد صلبـة، أتاحـت فرصة تثبيت العناصر تقريبـاً علـى أي مكان علـى الواجهة حـول المحل بشـرط اسـتطاعته حملهـا. لكن مـاذا لـو كانت تلـك الكلمـات مرسـومة باليـد؟ ثـاني صـورة مـن الأعلـى تعـرض نتيجـة هـذه التجربـة، فنـرى أن الكلـمات أصبحـت مشـوهة حيـن اعتمـدت علـى السـطح الغـير مسـتوي مـن تحتهـا.

لافتات المحلات المطبوعة

2.9/٢.٩

PRINTED RETAIL SIGNS

REQUIREMENTS TABLE / جدول الضروريات

أن تعلن	~~أن توصل المعلومات~~	أن تُعرِّف	~~أن تُعبر عن أفكارك~~	~~أن تعمل~~
TO ADVERTISE	~~TO INFORM~~	TO MARK	~~TO EXPRESS IDEAS~~	~~TO FUNCTION~~

This third type of retail signs depends on digital software for design and printing for production. It is the fastest and cheapest method of producing signs but unfortunately, sometimes the design quality pays the price; A lot of them are cluttered with a lot of effects and elements, due to the overuse of the quick digital tool's options of adding endless graphic effects and elements. On another note, those signs can mostly look new because they can be cheaply and quickly replaced by new printed ones.

هذا النوع الثالث من أنواع لافتات المحلات يعتمد على البرامج الرقمية في تصميمها وعلى الطباعة في إنتاجها. إنها من أسرع وأرخص الطرق في إنتاج اللافتات ولكن للأسف تدفع جودة التصميم أحياناً الثمن، حيث نرى الكثير من هذه اللافتات مزدحمة ومكتظة بالتفاصيل. يحدث هذا نتيجة الاستخدام المفرط لخيارات التصميم الرقمية التي تتيح إضافة عدد لا نهائي من المؤثرات الجرافيكية والصور الرقمية بسرعة وبدون عناء. وعلى صعيد آخر، تبدو تلك اللافتات جديدة معظم الوقت لأنه يمكن استبدالها بلافتة جديدة مطبوعة بتكلفة قليلة.

الفشل في إطار الإبداع أفضل من النجاح في إطار التقليد

DESIGN ELEMENTS

Shop name
Graphic effects and photo collages
Colored backgrounds
About the store

عناصر التصميم

اسم المحل
المؤثرات الجرافيكية والكولاج (الصور المُجمعة)
خلفيات ملونة
نبذة عن المحل

ANATOMY

التركيب الهيكلي

PRODUCTION EFFECTS

The usage of digital software in creating designs can result in visual clutter, and printed retail signs are the biggest proof. They rely mainly on default preset graphic effects and the ability to add an overload of effects and elements in extremely small sizes. Design software also introduced new options for adding pictures, typefaces, graphic effects, gradients, and endless shades of colors. Notice on the top right retail sign how the Kufi script suffers from an overload of effects, making it hardly recognizable as a style. The curved kashidas (elongations between letters) and the slanted baseline are lost in the process of converting traditional calligraphy into digital type, and neglecting the authentic aesthetic qualities of the Arabic script in favor of faster and cheaper designs.

تأثيرات طريقة التنفيذ

استخدام البرامج الرقمية للتصميم قد يؤدي إلى زخم بصري واللافتات التجارية المطبوعة أكبر دليل على ذلك. يتم التركيز في هذه التصاميم على إضافة مؤثرات جرافيكية كثيرة مسبقة الإعداد ومعلومات إضافية بأحجام متناهية الصغر. تقدم تلك البرامج أيضاً اختيارات جديدة لإضافة الصور، وأنواع الخطوط المختلفة، والتأثيرات الجرافيكية، والتدرجات، ودرجات الألوان اللانهائية. لاحظ أعلى الصفحة اليمنى كيف يعاني الخط الكوفي على اللافتة من تزاحم المؤثرات عليه إلى حد جعل من الصعوبة التعرف على نوع الخط. ضاعت الكشيدة المنحنية (أو التطويل، وهي المدّات بين حروف الكلمة) والسطر المائل أثناء عملية تحويل الخطوط من الكتابة اليدوية إلى الخطوط الرقمية، وسط حالة من التجاهل للخصائص الجمالية الأصيلة للكتابة العربية لصالح تصميات رقمية أسرع وأقل كلفة.

كوفي
KUFI

رقمي
DIGITIZED

2.10 / ٢.١٠

RETAIL SIGNS COMPARISON

مقارنة
بين لافتات المحلات

NUMBER OF DESIGN ELEMENTS

The production method directly affects the number of design elements in retail signs. Adding unnecessary elements to 3D signs will make them more expensive, slower in production, and most importantly, less readable (see picture above). Therefore, most 3D signs are composed of one central element, making them visually the simplest kind of signs. Hand-painted signs come second in simplicity, because they are executed on site and at the real display size, which helps the designer determine the suitable minimum sizes and the maximum number of elements. Printed retail signs are usually designed in an office on a computer, distanced from their context, and are often the most cluttered.

عدد عناصر التصميم

طريقة إنتاج وتنفيذ تصميم لافتة المحل تؤثر على عدد عناصر التصميم، فنجد أن إضافة العناصر الغير ضرورية على اللافتات ثلاثية الأبعاد يجعلها أكثر كلفة، أبطئ في الإنتاج، والأهم من كل ذلك، صعبة القراءة (أنظر إلى الصورة بالأعلى). لذلك نرى أن أغلب هذا النوع من اللافتات يحتوي على عنصر واحد كبير بمنتصف التصميم، مما يجعلها أكثر اللافتات بساطة. يليها في البساطة اللافتات المرسومة باليد لأن تنفيذها في بيئتها وعلى مساحة عرضها الأخيرة يساعد المصمم على تقدير أحجام العناصر المناسبة وعدد العناصر الكافية في التصميم. وأما اللافتات المطبوعة، التي تم تصميمها على البرامج الرقمية في مكتب، بعيداً عن سياق عرضها الأخير، تكون على الأغلب الأكثر ازدحاماً.

DURATION OF SIGNS

The most durable retail signs are the 3D signs, followed by the hand-painted signs, and lastly the printed ones. Printed signs are the least durable because they are produced cheaply and quickly, and can be easily replaced (above, the monthly sales is printed but the main store sign is 3D). Although they are often printed on plastic-coated material that is easy to clean, printed signs can be worn out by strong wind and dust, or bleached by sunlight. On the other hand, the hard and strong 3D signs last for years, just like painted signs, although the latter eventually get buried under layers of dust, and cleaning them might erase their colors.

المدة الزمنية للافتات

أن اللافتـات الأطـول عمـراً هي اللافتـات ثلاثيـة الأبعـاد، يليهـا اللافتـات المرسـومة باليـد، ومـن ثم المطبوعـة منهـا. إن اللافتـات المطبوعـة هي الأقصر عمـراً لإنهـا الأرخـص ثمنـاً والأسـرع في الإنتـاج، مـا يسـهل اسـتبدالها بأخـرى جديـدة (بالأعـلى نـرى أن العـروض الشـهرية مطبوعـة ولكـن لافتـة المحـل الأساسـية ثلاثيـة الأبعـاد). أحيانـاً يتـم طباعـة اللافتـات عـلى مـواد مغلفـة بالبلاسـتيك مـا يسـهل حمايتهـا وتنظيفهـا، ولكـن مـع ذلـك، فإنهـا تُتلـف بسـهولة بسـبب الريـاح القويـة والأتربـة وتبيَـض ألوانهـا تحـت أشـعة الشـمس. ومـن ناحيـة أخـرى، تصمـد اللافتـات ثلاثيـة الأبعـاد الصلبـة لسـنين طويلـة مثـل اللافتـات المرسـومة، ولكـن تنـدثر المرسـومة مـع الوقـت تحـت طبقـات الغبـار المتراكمـة، وتنظيفهـا قـد يمحـو ألوانهـا.

تميُّز اللافتات

إن تميّز اللافتات هنا يعني عدم إمكانية تكرار نفس التصميم مرة أخرى، وكأن هذا التصميم هو عمل فني نادر، ولذلك نستطيع أن نصنف التصاميم المرسومة باليد أنها الأكثر تميزاً لاستحالة استنساخ نفس خطوطها وضربات فرشاتها. لاحظ بالأعلى كيف تبدو نفس الحروف المتكررة لنفس الكلمة مختلفة كل مرة. هذه الدرجة من التميّز تأتي نتيجة استخدام الفرشاة والطلاء، على عكس اللافتات المطبوعة واللافتات ثلاثية الأبعاد المصنعة بماكينات قادرة على تكرار التصميم بعدة نسخ متطابقة. يمنح أيضاً الرسم اليدوي للافتة مساحة للمصمم لإعطاء لمسته الجمالية الشخصية من خلال رسم الزخارف وغيرها، بدلاً من استخدام المؤثرات الرقمية الجاهزة.

UNIQUENESS OF SIGNS

The uniqueness here refers to designs that are not replicated twice like a rare artwork. Therefore, we can say that hand-painted retail signs are the most unique since the exact curves and brush strokes cannot be exactly reproduced; notice above how the same letterforms appear differently each time. This comes from using brushes and paint, unlike printed and 3D retail signs which are created by machines that can reproduce multiple identical copies. Moreover, hand painting a sign allows the designer to put her/his personal aesthetic touch by drawing ornaments and so on, rather than using the default effects from digital software.

ميرو كلاسيك
أرقى المصنوعات الجلدية

سان أبرآم
لملابس الكهنوت

عدد المؤثرات الجرافيكية

إن المؤثرات الجرافيكية، مثل الظلال والخطوط التحديدية وغيرها، تستخدم في التصميم لتعطي أهمية وتميّز أكبر لأحد عناصره. ويتغير شكلها في فئات اللافتات المختلفة: ففي اللافتات المرسومة باليد نرى تلك المؤثرات مرسومة بطرق متعددة لكن قليلة التفاصيل؛ وفي اللافتات المطبوعة نراها مبرمجة ومُعتمِدة على المؤثرات والصور الرقمية الجاهزة؛ ولكن في اللافتات ثلاثية الأبعاد فتعتمد على بروز عناصرها. لذلك نرى بالأعلى أنه عندما يضاف خط غليظ حول هذه الحروف البارزة، يؤدي ذلك إلى تشويهها عند النظر إليها من زوايا مختلفة على مستوى الأرض.

NUMBER OF GRAPHIC EFFECTS

Graphic effects, such as drop shadows, strokes, and so on, are used in the designs to give emphasis and character to some of its elements. They differ between the sign categories: in hand-painted signs, they are manifold but with simple details; in printed signs, they are obtained mainly from default effects and stock images; and in 3D signs, they rely on the extrusion of their letterforms. Therefore, when an outline is added around the extruded letterforms (as shown above), the letters look distorted when seen at different angles from ground level.

VISUAL CONSISTENCY

Store owners use additional signs to complement the main horizontal sign of the store and draw attention. However, those additional signs may not be visually consistent with the store's simple identity. Below, we can see examples of interesting additional signs, and, on the right page, some visually inconsistent ones. That is because most businesses follow a loud, random visual approach to advertise their shops and rely more on verbal rather than visual consistency throughout their signs.

التوافق البصري

يستخدم أصحاب المحلات أحياناً لافتات إضافية بجانب اللافتة الأساسية للمحل لجذب اهتمام أكبر. ولكن في بعض الأحيان، قد لا تتوافق تلك اللافتات الإضافية مع الهوية البصرية البسيطة لذلك المحل. سنجد بالأسفل بعض الأمثلة للافتات إضافية مثيرة للإهتمام، وفي الصفحة اليمنى، أخرى غير متناسقة بصرياً. هذا لأن أغلب الأعمال تتبع توجه بصري صاخب وعشوائي للإعلان عن محلاتهم وتعتمد على التوافق اللفظي أكثر من التوافق المرئي في لافتاتهم.

SIGNS FOR A HOTEL ENTRANCE

لافتات لمدخل فندق

2.10.1/٢.١٠.١ شعارات عالمية

INTERNATIONAL LOGOS

The examples shown here are local Egyptian interpretations of some international brands, specifically automobile logos found around local car supply stores. By turning the word into its phonetic equivalent in the Arabic script, these signs are translated into a new Arabic visual representation of the brand. Unlike the common method of cutting and slicing the Latin letterforms to create the Arabic version of the logo, the locals simply choose an existing Arabic calligraphic style closest to the logotype, which shows a great deal of respect for the Arabic script. The new design is solely based on the local visual perception of these brands, and therefore, this localization of the logo can have different degrees of resemblance to the original one; the new logo can look similar (the Ford logo, based on Nastaliq style), slightly similar (the Chevrolet logo in Thuluth style), or quite different (the Mercedes logo in Naskh style).

تعتبر الأمثلة المعروضة هنا بمثابة الترجمة المصرية لبعض شعارات الماركات العالمية؛ بالأخص شعارات ماركات السيارات الموجودة حول محلات مستلزمات السيارات. تُرجمت هذه الشعارات إلى أشكال مرئية عربية جديدة عن طريق تحويل الكلمة إلى ما يعادلها لفظياً من الحروف اللاتينية باستخدام الحروف العربية. لقد فضل المصريون اختيار نوع خط عربي موجود مسبقاً وأكثر تطابقاً لكتابة الشعار الأجنبية عوضاً عن الطريقة الشائعة بتقطيع الحروف اللاتينية وإعادة استخدامها لتركيب الحروف العربية للشعار المترجم، مما يُظهر احترام كبير للكتابة العربية. ولأن التصميم الجديد يعتمد بشكل أساسي على الاستيعاب البصري للمحليين لهذه الماركات، تُنتج النسخة العربية من الشعار بدرجات تشابه مختلفة عن الشعار الأصلي، فينتج هذا التوطين شعارات مشابهة جداً للشعارات الأصلية (كشعار فورد بخط مستوحى من النستعليق)، متشابهة إلى حدٍ ما (كشعار شيفروليه بخط الثلث)، أو مختلفة تماماً (كشعار مرسيدس بخط النسخ).

فورد

Ford

شفرولية

CHEVROLET

مرسيدس

Mercedes-Benz

تصور محلي للشعارات

LOCAL DEPICTION OF LOGOS

شعارات أصلية

ORIGINAL LOGOS

بطاقات أسعار البقالة

2.11 / ٢.١١

GROCERY PRICE TAGS

REQUIREMENTS TABLE   جدول الضروريات

أن تعـــلــن	أن توصل المعلومات	أن تُعـرِّف	أن تُعبر عن أفكارك	أن تعمـــل
TO ADVERTISE	**TO INFORM**	**TO MARK**	**TO EXPRESS IDEAS**	**TO FUNCTION**

Grocery price tags are designed to display the prices of grocery goods, specifically fruits and vegetables. They are folkloric designs with unusual elements such as a flying baby head on one corner, a fruit basket on another, and floating eyes on top to protect from envious people (p. 56). They are mainly found on grocery carts or kiosks which are owned and managed by grocery merchants coming from the rural areas of Egypt.

صُممت هذه البطاقات لعرض أسعار بضائع البقالة، خاصةً الفواكه والخضروات، ولها تصميم شعبي مميز به عناصر غير تقليدية مثل رأس طفل رضيع معلقة على ركن من التصميم، سلّة فاكهة على آخر، وعيون للوقاية من عين الحسود بالأعلى (ص ٥٦). نجد هذه البطاقات خاصةً على عربات البقالة أو الأكشاك التي يملكها ويديرها تجار البقالة القادمين من ريف مصر.

ملك الفواكه
محمد الحلو
٤٠٠
٢٠٠
٣٠٠
٢٥٠
تفاح
سورى
تركى
٥٠٠
١٠٠
سكرى
كيلو
خيار
بلدي
٦٠٠
فواكه
٣٠٠

ANATOMY

التركيب الهيكلي

FOLKLORIC ELEMENT
عنصر شعبي

THICK BORDER
إطار سميك

BIG BOLD PRICE VALUE
سعر بخط كبير وعريض

A WORD ABOUT THE SELLER/LOCAL SAYING
كلمة عن البائع/مقولة شعبية

HAND-PAINTED TAGS

بطاقات مرسومة باليد

OTHER USAGES

The same design can be used to communicate other information about the groceries, such as their type or degree of quality. It can also communicate other popular messages, totally unrelated to the goods, such as "Envious people, leave me alone" (picture above).

استخدامات أخرى

يمكن أن يوضح نفس تصميم بطاقة السعر معلومات أخرى عن الخضروات والفاكهة، مثل معلومات عن نوعها أو درجة جودتها، ويمكن أيضاً أن يعرض رسائل شعبية ليس لها علاقة بالمنتج مثل «يا ناس سيبوني في حالي» (في الصورة بالأعلى).

بُنيات غير تقليدية

AL STRUCTURES

تعتبر الأكشاك، أكواخ البيع، أو على نطاق أوسع، البُنيات مُرتجلة البناء في الشارع، إحدى أفضل الأمثلة على العفوية في مصر. فهم يمثلون الحلول المبدعة التي نتجت عن الحاجة إلى تصميم رخيص وسريع ويؤدي الغرض ببراعة من خلال استخدام طرق غير تقليدية، مثل استغلال البيئة المحيطة في التصميم نفسه، أو إعادة استخدام بعض الأشياء الموجودة أو القديمة، أو ابتكار عناصر جديدة كليًا. تم اختيار موقع هذه البُنيات بعناية بحيث لا تمنع سير الناس على الرصيف بينما تجذب انتباههم. لا تعتبر تلك البنيات تصاميم جرافيكية ولكنها مثال جيد يطلعنا على العقلية التصميمية للمحليين.

, in a broader sense, improvised street ıe best examples of spontaneity in ɜsent the creative solutions emerging nents of a cheap and fast design that y fulfils its purpose through using in the design, reusing existing or old brand new ones. Their position is cho- ot to hinder the passage of individuals still grab their attention. They are not ic designs but they provide a good in- ign mentality of locals.

كشك أطعمة خفيفة 2.12.1/٢.١٢.١

SNACKS KIOSK

This type of kiosk is very common on sidewalks all over Egypt. It usually sells snacks like chocolates, chips, juices and such, as well as other small products like cigarettes and recharge cards for mobile phones.

هذا الكشك هو من أكثر الأكشاك انتشاراً على الأرصفة في جميع أنحاء مصر. يقوم ببيع الأطعمة الخفيفة مثل الشوكولاتة، وبطاطس الشيبس، والعصائر المعلبة وغيرها، بالإضافة إلى بعض المنتجات الصغيرة مثل علب السجائر وكروت شحن الهاتف المحمول.

التركيب الهيكلي

ANATOMY

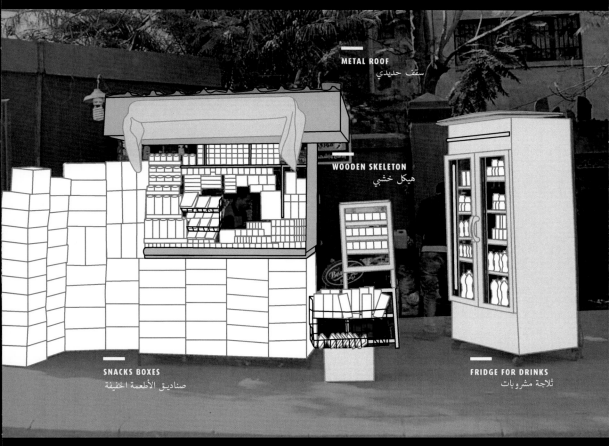

METAL ROOF
سقف حديدي

WOODEN SKELETON
هيكل خشبي

SNACKS BOXES
صناديق الأطعمة الخفيفة

FRIDGE FOR DRINKS
ثلاجة مشروبات

2.12.2/٢.١٢.٢

كشك طعام

FOOD KIOSK

This kiosk's construction idea is very simple, as it is constructed from a stainless-steel cupboard and a metal table. It is put on a wide sidewalk so that people have the space to walk as they eat their food on the go.

تعتبر فكرة هذا الكشك في منتهى البساطة، حيث أنه يتكون من دولاب مصنوع من الفولاذ المقاوم للصدأ وبجانبه طاولة معدنية. تم وضعه على رصيف واسع لكي يحظى الناس بمساحة مناسبة للسير بينما يتناولون طعامهم سريعاً.

التركيب الهيكلي
ANATOMY

CARDBOARD ROOF
سقف كرتوني

**STAINLESS STEEL
CUPBOARDS**
خزانة من الفولاذ
المقاوم للصدأ

METAL TABLE
طاولة معدنية

لا تعطني سمكة ولكن علمني كيف أصطاد

2.12.3/٢.١٢.٣

كشك لافتات

SIGNAGE KIOSK

This kiosk is an example of recycling old vehicles practically. The designer has reused an old malfunctioning small truck by adding to it a new roof, fixed a foldable metal door (most commonly used in shops) and installed a small wooden cupboard inside it to showcase the merchandise. Alongside this recycled truck was a small side table to increase the space of the merchandise display and the size of the overall kiosk.

يُعد هذا الكشك مثال لاستخدام الناس لعربة قديمة مُعطلة بطريقة عملية، حيث أعاد المصمم استخدام هذه الشاحنة الصغيرة بتزويدها بسقف جديد وباب معدني قابل للطي (الذي يُستخدم عادةً في المحلات) مع تثبيت وحدة رفوف خشبية صغيرة داخل العربة لعرض البضائع. وبجانب الشاحنة المعاد تدويرها، طاولة صغيرة لزيادة أماكن عرض البضائع وحجم البُنية بشكل عام.

ANATOMY

ACRYLIC ROOF
سقف اكريليك
SHOP METAL DOOR
باب معدني لمحل
FIXED CUPBOARD
خزانة عرض مثبت
OLD WOODEN TABLE
طاولة خشبية قديمة
NO STANDING ANY TIME

2.12.4 / ٢.١٢.٤   ركن للخضروات

VEGETABLE CORNER

This corner is a perfect example of how locals use their limited space so smoothly that we feel as if this artificial and improvised corner is an original part of the environment. The designer fixed a cupboard onto a side-wall to store and sell the merchandise with some grocery containers at the front.

يعتبر هذا الركن أفضل مثال لاستخدام الناس مساحتهم السكنية المحدودة بطريقة سلسة إلى حد جعلنا نشعر وكأن هذا الركن المصطنع والمُرتَجَل جزءاً أصلياً من تلك البيئة. قام المصمم بتثبيت رفوف على حائط جانبي لتخزين وبيع البضاعة بالإضافة إلى سَبَت البقالة في الأمام.

التركيب الهيكلي

ANATOMY

CUPBOARD FIXED WITH CEMENT
رفوف مثبتة بأسمنت
GROCERY CONTAINERS
سبت الخضروات

2.12.5/٢.١٢.٥

كشك العمود

COLUMN KIOSK

The real purpose of this kiosk is unknown but we can speculate that it is a locksmith's kiosk, or a kiosk for handmade products. What makes it special is its clever usage of a column of the building it is located under, by putting a "Khayamiya" fabric on both the column and a small cupboard under it and unifying their surfaces in the viewer's eyes. Also, a paint barrel is used as a side table beside this kiosk.

الوظيفة الفعلية لهذا الكشك غير معروفة ولكن قد نُخمن أن هذا الكشك يستخدمه صانع أقفال، أو أنه يُستخدم لصنع منتجات يدوية. الشيء الذي يميز هذه البُنية هو استخدامها البارع لعمود المبنى التي تقع عنده. عن طريق وضع قماشة الخيامية على العمود وفوق خزانة صغيرة تحت ذلك العمود، قامت بمزج مساحة سطح العنصرين معًا بطريقة بسيطة، مما جعل المارة يظنون أنهما شيء واحد! بالإضافة، صاحب هذا الكشك برميل مُعاد استخدامه كطاولة.

التركيب الهيكلي
ANATOMY

KHAYAMIYA FABRIC
قُماش الخيامية
OLD CUPBOARD
خزانة قديمة
PAINT BARREL
برميل طلاء

2.12.6/٢.١٢.٦

عربة الفول

FUL CART

This Ful cart (mentioned earlier in pp. 40, 84) is a food vendor specializing in serving the local Egyptian breakfast food like Ful (cooked mashed fava beans), Taameya (falafel), fries and more. The cart is made of wood and sometimes covered with metal sheets to protect and easily clean it. Although it has wheels and handles for moving, this cart rarely changes its position.

إن عربـة الفـول (سـابقة الذكـر بالكتـاب، صفحـة ٤٠ و٨٤) هي عربـة مخصصـة لبيـع طعـام الإفطـار الشـعبي المـصري المكـون مـن الفـول، والطعميـة (الفلافـل)، والبطاطس المحمرة وغيره. تُصنَع هـذه العربـة في الأسـاس من الخشـب وتُغـطَّى أحياناً بشرائح الألومنيـوم لحمايتها ولتسـهيل تنظيفهـا. ومـع أن لهـا عجـلات ومقابـض تسـهل دفعهـا إلى أي مـكان، فهي نادرًا مـا تغير موقعهـا.

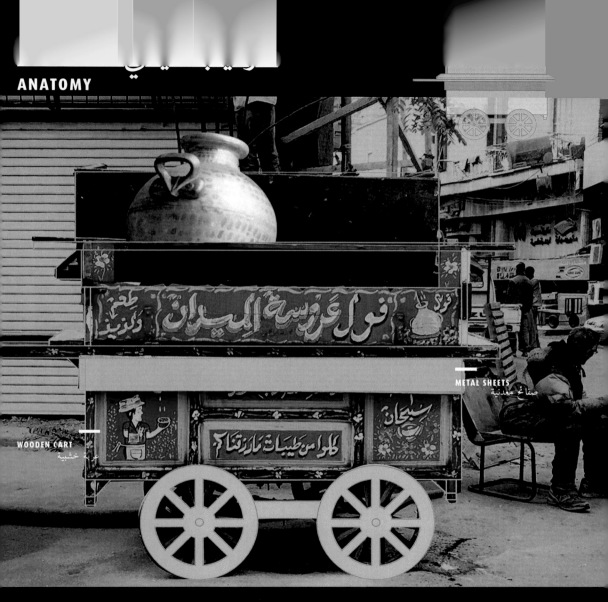

ANATOMY

WOODEN CART
عربة خشبية

METAL SHEETS
صفائح معدنية

بُنية
متحرّكة

MOBILE
STRUCTURE

عربة الخضروات 2.12.7/٢.١٢.٧

GROCERY CART

When grocery merchants first came to Cairo from its suburbs to sell their commodities, they needed a strong and easy way to carry those commodities through some of the small streets, which resulted in this cart. It is pushed around by those merchants by its handles and wheels while shouting the names of their groceries to alert passing people and house residents.

عندما جاء بائعي الخضار والفاكهة من ريف مصر إلى القاهرة ليبيعوا بضاعتهم، احتاجوا إلى وسيلة نقل سهلة وقوية لحمل بضائعهم في بعض شوارع القاهرة الضيقة، ومن هنا جاءت فكرة هـذه العربة. فهي عربة يجرها التجار الجائلين باستخدام مقابضها وعجلاتها مع الصياح بأسماء منتجاتهم في الشوارع لجذب انتباه المارة وسكان البيوت المحيطة.

ANATOMY

WOODEN WHEELS
عجلات خشبية
WOODEN SKELETON
هيكل خشبي
WOODEN LEGS
أرجل خشبية

بُنية متحركة

MOBILE STRUCTURE

PRINTED

مراكز الخدمة والصيانة المعتمدة
لنشر اعلانك بمراكز الخدمة والصيانة
شركة غاز مصر ...
Egypt Gas
الأولى في مصر والشرق الأوسط
والمتخصصة في توصيل
المساكن والمنشآت والمصانع
وتحويل وصيانة جميع أنواع
أجهزة البوتاجازات والسخانات
كريازي
١٩٠٩١

MATTER

This chapter is about printed matter that is usually designed by more experienced designers. It is mass produced and distributed but used individually, as opposed to public designs that are consumed collectively and are constantly on display. Printed matter offers people the choice whether to view its content or not; like intentionally buying a book to read. Printed matter is smaller in size, mobile and rather subtle in comparison to the heavy, fixed and dominating public designs.

يركز هذا الفصل على تصميم المطبوعات التي يتم تصميمها في الغالب من قِبل مصممين ذو خبرة. إن تلك التصاميم يتم إنتاجها وتوزيعها للناس عامة وتُستهلك بطريقة فردية، على عكس التصاميم العامة التي تُستهلَك بصورة جماعية وتفرض رؤيتها على الناس بحكم وجودها معروضة باستمرار في الشوارع، في حين أن المطبوعات تقدم للمشاهد الخيار للإقدام على رؤية محتواها أم لا، مثل شرائك كتاب لقراءته. وعلى عكس التصاميم العامة الثقيلة والمهيمنة والثابتة في مكانها، فإن تصميم المطبوعات أكثر خجلاً، أصغر حجماً، وأسهل في الحمل والتنقل.

مطبوعات دينية

3.1/ ٣.١

RELIGIOUS PRINTS

REQUIREMENTS TABLE

جدول الضروريات

~~أن تعلن~~	أن توصل المعلومات	~~أن تُعرِّف~~	~~أن تُعبر عن أفكارك~~	~~أن تعمل~~
~~TO ADVERTISE~~	TO INFORM	~~TO MARK~~	~~TO EXPRESS IDEAS~~	~~TO FUNCTION~~

The majority religion in Egypt is Islam and the second largest religious group is Christianity, with other religions as Judaism and Baha'i forming less than one percent of the population. In the next two sections, we present the most common printed designs that help these religious communities document, practice, and spread their faith. The Islamic section focuses only on Sunni Muslims, and the Christian section focuses only on the Coptic Orthodox church, as they are the largest Muslim and Christian denominations in Egypt.

إن دين الأغلبية في مصر هو الإسلام وتليه المسيحية كثاني أكبر ديانة، ثم نجد أديان أخرى مثل اليهودية والبهائية والتي تكون نادرة الانتشار وتقدر نسب اعتناقها بأقل من ١٪ من السكان. سنقدم على مدار القسمين التاليين أكثر التصاميم الدينية المطبوعة انتشاراً والتي ساعدت هذه المجتمعات الدينية على توثيق، وممارسة، ونشر دينها بسهولة. يركز القسم الإسلامي في الكتاب على المسلمين المعتنقين للمذهب السُني فقط، بينما يركز القسم المسيحي على الكنيسة القبطية الأرثوذوكسية فقط لأنهما مذهب الأغلبية بمصر.

| 90% | ٪٩٠ | 10% | ٪١٠ | 0.002% | ٪٠.٠٠٢ | 0.001% | ٪٠.٠٠١ |

الإسلام
المذهب السُني

ISLAM
SUNNI DOCTRINE

3.1.1 / ٣.١.١

القرآن الكريم

THE HOLY QURAN

In Islam, the Quran is considered the words of Allah and the foundation of the religion. It was sent to us from Allah through the angel Gabriel who whispered its content to the prophet Muhammed (PBUH). The Quran is our main guidance, where reading, reflecting on it, and following its teachings is a duty and way of worshipping Allah. The monitoring and printing of the holy Quran are done under the supervision of the Islamic Complex in Egypt and the King Fahd Quran Complex in Saudi Arabia. Since we believe that these are the exact words of Allah, the letters, words, and sentences of the Quran are all strictly unified in their order in all editions. Its layout design is the personal diligence of any individual; it is not the duty of any monitoring organizations to design it, but only to supervise the written content and approve the design.

في الإسلام يُعتبر القرآن الكريم هو كلام الله سبحانه وتعالى وأساس الديانة الإسلامية. جاءت كلماته إلينا عن طريق الملاك جبريل الذي نزل بالوحي على رسول الله سيدنا مُحَمَّد (صلى الله عليه وسلم) بأمر من الله. إن القرآن هو الدليل الأساسي لنا في حياتنا، وتعتبر قراءته والتفكُّر فيه واتباع تعاليمه واجبة وطريقة لعبادة لله عزَّ وجل. يُشرف مجمع البحوث الإسلامية في مصر ومجمع الملك فهد في السعودية على مراقبة وطباعة القرآن الكريم. نؤمن نحن المسلمون أن هذه هي كلمات الله الصحيحة الحَرفية، ولذلك نرى أن القرآن في جميع إصداراته مُوَحد بنظام ثابت في الترتيب وعدد الصفحات وأماكن الجمل والكلمات. أما عن تصميم صفحات القرآن، فهو اجتهاد شخصي لأي فرد وليس من واجبات أي جهة رقابية، فالجهات الرقابية تشرف فقط على المحتوى المكتوب وتعطي الموافقة على التصميم المُقترَح.

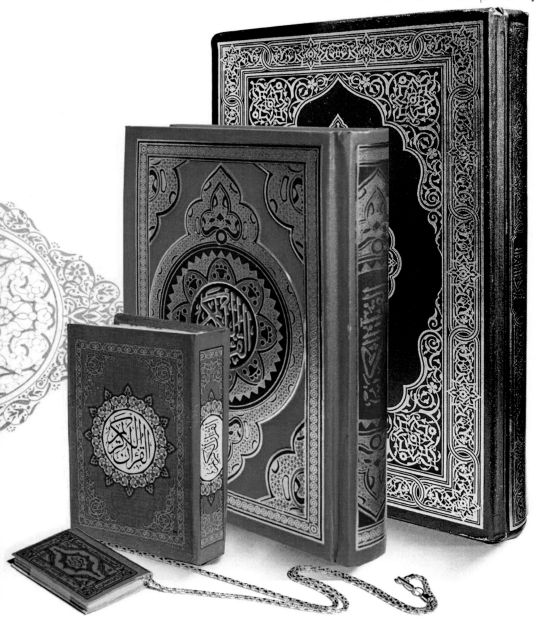

لا كلام أكمل من كلام الله

QURAN COVERS

أغلفة القرآن

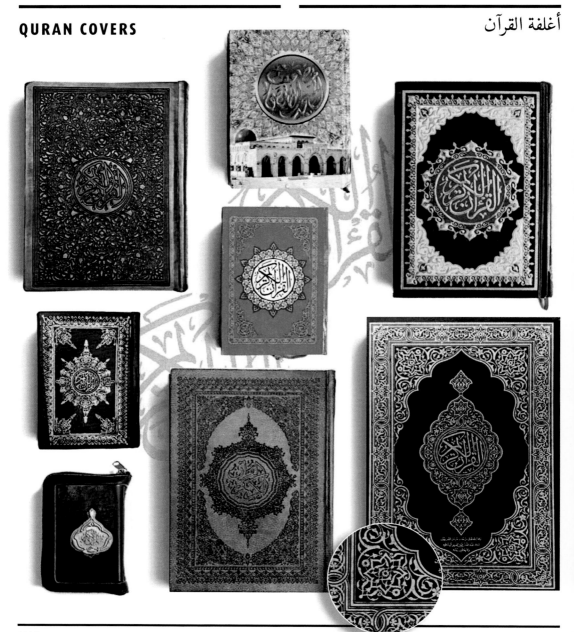

OPENING PAGES صفحات افتتاحية

إرمي حمولك على الله

THE FIRST SPREAD الصفحات الأولى

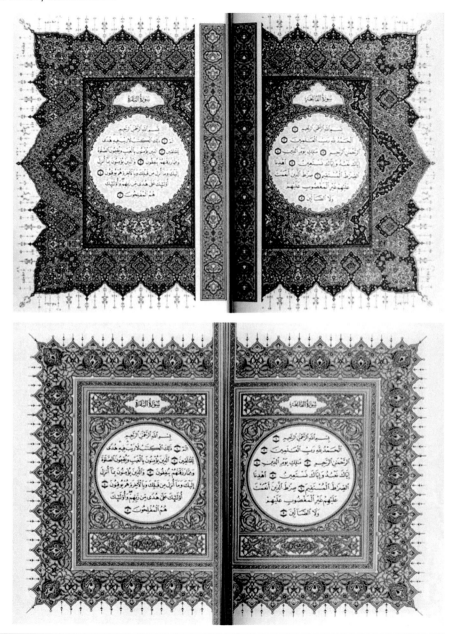

صفحات داخلية

INTERNAL PAGES

نسخ
NASKH

إن الله يحب إذا عمل أحدكم عملاً أن يتقنه

QURAN EDITIONS

Since we as Muslims are encouraged to read the Quran at all times, different designs are made to enable us to easily handle it and carry it around. The original Quran is one big, thick and relatively heavy book, therefore, we can find some small, pocket-sized editions, or editions divided it into smaller parts for carrying around only what you need. Moreover, we can find some editions with different motifs, some are color-coded, and others with a zipper to protect its pages. All varieties are accepted as long as they don't offend the words of Allah.

إصدارات القرآن

بما أننا كمسلمين مطالبون بقراءة وتَفكُّر القرآن في جميع الأوقات، نجد أن له حلول تصميمية عديدة لتسهيل حمله وقراءته في كل مكان. فالقرآن بالأصل كتاب واحد، حجمه كبير ووزنه ثقيل نسبياً. لذلك نستطيع أن نرى منه طبعات صغيرة الحجم يصلح وضعها بالجيب، وأخرى مقسمة إلى عدة أجزاء صغيرة، بحيث نحمل فقط الجزء الذي نريد أن نقرأه. وأيضاً يمكننا أن نرى القرآن بزخارف وأشكال مختلفة، فنجد طبعات تُقسم أجزائه باستخدام الألوان وأخرى ذات غلاف بسحَّاب لحماية صفحاته من التلف. تُقبَل جميع هذه الاختلافات طالما أنها لا تناقض أو تسيء إلى كلام الله.

THIKER PRINTS

Thiker (Arabic word for "mentioning") booklets, leaflets, or flyers consist of phrases quoted either from a Quranic text or sayings of the Prophet (PBUH). They are designed in a very small size to facilitate their usage, since a good Muslim ought to remember Allah at all times, before and after prayer, while working, before sleeping, etc.

مطبوعات الأذكار

هذه المطبوعات هي عبارة عن كتيبات أو منشورات أو نشرات دينية تتضمن عبارات مقتبسة من القرآن أو أحاديث الرسول (صلى الله عليه وسلم). صممت بحجم صغير جداً لتسهيل استخدامها وحملها في كل مكان لأن المسلم المتدين يجب عليه أن يذكر الله في جميع الأوقات، قبل الصلاة وبعدها، وأثناء عمله، وقبل النوم، والخ.

ISLAMIC BOOKS

Islamic researchers have written many Islamic books that come second in importance after the Quran. These books document the Islamic history, help in understanding the Quran and spread scholarly studies. We find two kinds of these books; one that was written by contemporary scholars (bottom right page) discussing subtopics in detail and more freedom, and other old formal ones that were written by great Islamic scholars. The most important formal books are the books on Quran interpretation, the Prophet's biography and the sayings of the Prophet (PBUH). These books represent the old Islamic literature and usually adopt a formal and ornamented layout similar to the Quran.

الكتب الإسلامية

كتب الباحثون الإسلاميون الكثير من المطبوعات الإسلامية التي تأتي بعد القرآن الكريم في المكانة من حيث التبجيل. هذه الكتب تحفظ التاريخ الإسلامي، وتساعد على فهم القرآن وتنشر دراسات علمية عن الدين. نجد نوعين من هذه الكتب، نوع معاصر كتبه باحثون جدد (أسفل الصفحة اليمنى) يناقشون به موضوعات فرعية بتفاصيلها وبحُرية أكبر في التعبير وإبداء الآراء، ونوع آخر رسمي أقدم كتبه أكبر العلماء المسلمين ومن أهم كتبه كتب تفسير القرآن، والسيرة النبوية، وأحاديث الرسول (صلى الله عليه وسلم). هذه الكتب الرسمية تمثل الأدب الإسلامي القديم ونراها تأخذ شكل للتصميم الرسمي والمزخرف المشابه للقرآن الكريم.

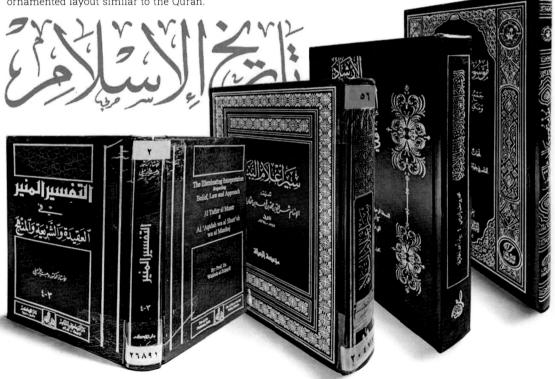

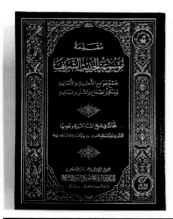

كتاب عن تاريخ الإسلام ISLAMIC HISTORY BOOK   QURAN INTERPRETATION BOOK كتاب تفسير القرآن   كتاب السيرة النبوية PROPHET'S BIOGRAPHY BOOK

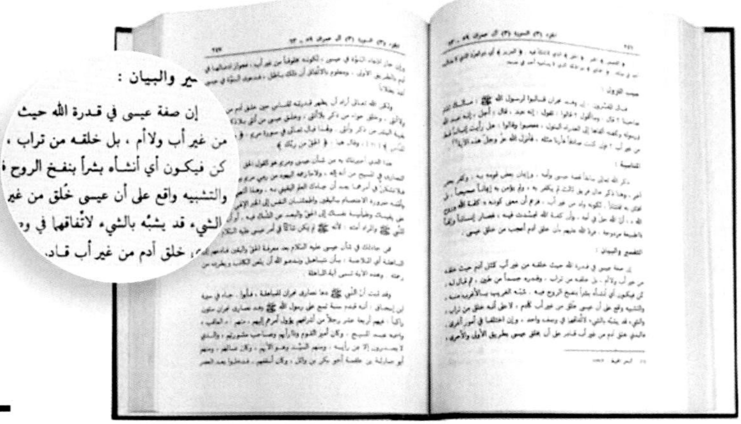

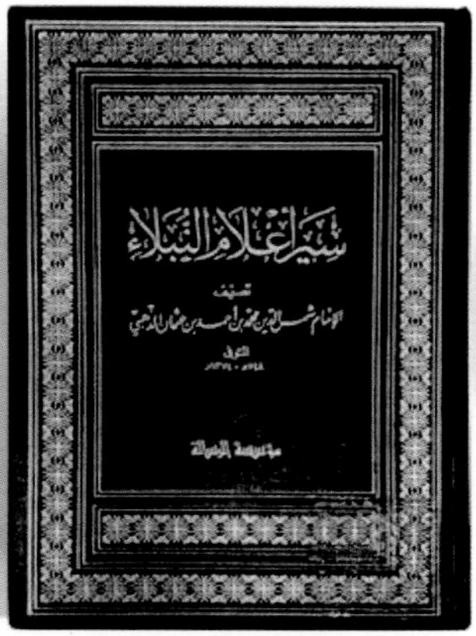

THE LIFE OF ISLAMIC FIGURES قصص الشخصيات الإسلامية

المسيحيـــــة
المذهب القبطي الأرثوذكسي

CHRISTIANITY

THE COPTIC ORTHODOX DOCTRINE

3.1.2/٣.١.٢

الكتاب المقدس

THE HOLY BIBLE

The Holy Bible (or "Al-Engeel" as we commonly call it, derived from the Greek word "Evangelion") is the word of God written by humans and inspired by the Holy Spirit. The Holy Bible is the main source of Christian teachings, doctrine, and beliefs. It is divided into the Old Testament, based on the Jewish Torah (the Jewish scripture teachings), and the New Testament, focused on the life and teachings of Jesus Christ. The Holy Bible was originally written in several languages. The most commonly used ones in Egypt are Arabic, Coptic and English, translated by the international organization of The Bible Society. The Bible can be read everywhere, whether at home, church, or public places, independently, or with the guidance from our mentoring priests.

إن الكتـاب المقـدس (أو «الإنجيـل» كما نسـمية، وهي كلمـة مشـتقة مـن الكلمـة اليونانيـة «إيفانجيليـون») هـو كلام الله وكلمتـه التـي كتبهـا البشر من وحي الـروح القدُس. يُعتبر الكتـاب المقـدس المنبـع الرئيـسي والأسـاسي للتعاليـم والعقيـدة المسـيحية وينقسـم إلى قسـمين؛ العهـد القـديم، والـذي يسـتند عـلى التـوراة اليهوديـة (مجموعـة الأسـفار التعليميـة المقدسـة لليهـود)، والعهـد الجديـد، والـذي يركـز عـلى حياة وتعاليـم المسـيح. تم كتابة الكتـاب المقـدس بالأصـل بعـدة لغـات، ويـتم ترجمتـه مـن قِبـل الهيئـة العالميـة لـدار الكتـاب المقـدس، ومـن أكـثر لغاتـه انتشـاراً بمـصر اللغـة العربيـة والقبطيـة ثم الإنجليزيـة. يمكـن قـراءة الكتـاب المقـدس في كل مـكان؛ في البيـت، أو الكنيسـة، أو الأماكـن العامـة، سـواءً بصـورة فرديـة، أو تحـت توجيـه القسـيس بالكنيسـة.

«كل فضيلة خالية من الحب لا تحسب فضيلة» - البابا شنودة الثالث

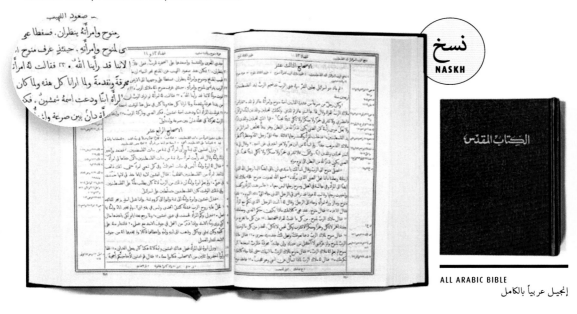

NASKH
نسخ

ALL ARABIC BIBLE
إنجيل عربياً بالكامل

CHRISTIAN PUBLICATION DESIGN

The language and layout of Christian books differ from one edition to another. It is not compulsory for the Bible to be written in any specific language (unlike the Quran which must be written usually in Arabic). There are Bibles in the original and old languages of Aramaic, Hebrew, and Greek, but they are rarely used since the Bible has been translated into the many native languages of the world. As mentioned earlier, the most used languages for Bibles in Egypt are Arabic and Coptic, then English. Coptic (the last stage in the evolution of the ancient Egyptian language written in a script based on the Greek alphabet) is mostly used in the Coptic Orthodox church as the liturgical language. As for the layout of the Bible, we can see editions that use either one or two languages, with the two languages either side by side on the same page, or each on a single page on a double-page spread.

تصاميم المطبوعات المسيحية

تختلف اللغة والمخطط التصميمي للكتب المسيحية، وبالأخص للكتاب المقدس، من طبعة إلى الأخرى. ليس إلزامياً أن يكتب الكتاب المقدس بأي لغة محددة (على عكس القرآن الذي يجب كتابته في الغالب باللغة العربية). يوجد عدة أناجيل مكتوبة بلغاته الأصلية القديمة كالآرامية، والعبرية، واليونانية، ولكن لا تستخدم بكثرة في يومنا هذا لأن الكتاب المقدس أصبح مترجم على المستوى العالمي إلى اللغات المحلية. لذلك نجد الإنجيل في مصر، مثلما ذكرنا من قبل، يستخدم اللغات العربية والقبطية ثم الإنجليزية. نجد اللغة القبطية تستخدم في الكنائس بصفتها اللغة الشعائرية (وهي لغة تجسد آخر مرحلة تطور اللغة المصرية القديمة وتستند بشكلها المكتوب على الحروف الأبجدية اليونانية). وبالنسبة لتصميم الصفحات، نرى بعض الطبعات تستخدم لغة واحدة أو لغتين مختلفتين، ونرى اللغات في التصميم سواء على صفحة واحدة جنباً إلى جنب أو كل على صفحة مختلفة تقابل الأخرى.

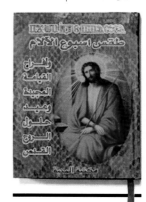

ϯⲙⲉⲧⲣⲉⲙⲛ̀ⲭⲏⲙⲓ

THE HOLY WEEK BOOK IN ARABIC AND COPTIC

كتاب «طقس أسبوع الآلام» باللغتين العربية والقبطية

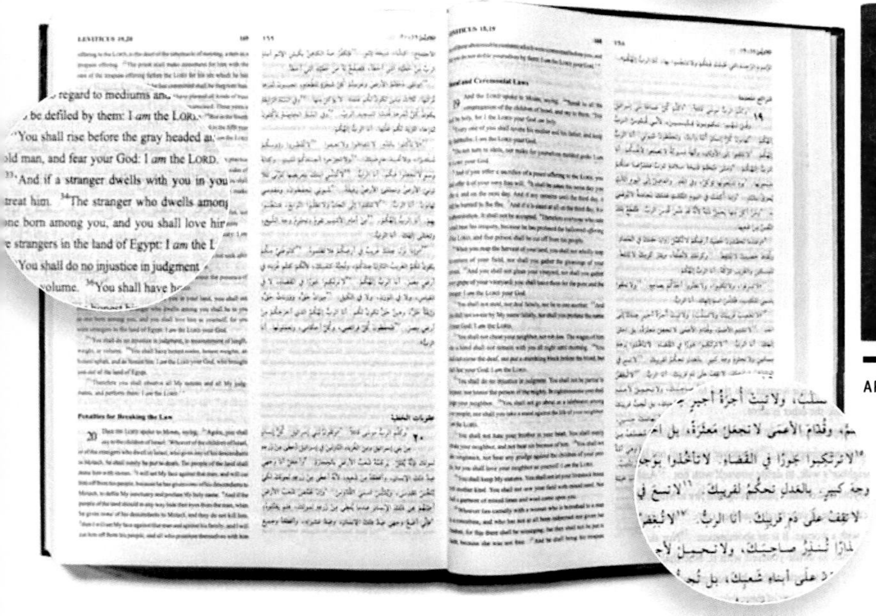

ARABIC AND ENGLISH BIBLE

الانجيل باللغتين العربية والإنجليزية

CHRISTIAN BOOKS

AL-AGBEYA

(A Coptic word "Ajp" meaning "book of hours"). This is the prayer book produced and revised locally by the Egyptian Coptic Orthodox church, which we use for performing the seven prayers of the morning and the night. It is notable how the two different versions of the same book have completely different designs: a classic version and a digitally designed one.

الأجبيـــة

(كلمة قبطية «أجْبْ» تعني «كتاب الساعات»). هو كتاب صلوات يُنتج ويُراجع محلياً من قِبل الكنيسة القبطية الأرثوذوكسية، ونستخدمه لأداء السبع صلوات في الصباح والمساء. نستطيع أن نلاحظ وجود تصميات مختلفة تماماً لنسختين من نفس الكتاب: نسخة تقليدية كلاسيكية وأخرى مصممة بواسطة البرامج الرقمية.

AL-KATAMARS

القطمـاروس

(A Greek word "katameooc" meaning "in order.") This is the book of daily readings, composed of a series of five books, whose content is based on parts of the Bible. Each church service reads nine parts of it according to the occasion.

(كلمة يونانية «كاتاميروس» تعني «بحسب الترتيب»). هو كتاب القراءات اليومية، ويتكون من سلسلة من خمسة كتب، مرتكزة على أجزاء من الإنجيل. يُقرأ في كل قُدّاس تسع أجزاء منه على حسب المناسبة.

الكتب المسيحية

AL-KHULAJI الخولاجـي

(A Greek word "euchologion" meaning "book of divine liturgy"). This is one of the main books of the mass prayers in church service and can also be used at home.

(كلمة يونانية «إيخولوجيون» تعني «كتاب القداس الإلهي»). هو أحد الكتب الأساسية للصلوات الطقسية الجماعية في القُدَّاس ويمكن أداؤها في المنزل أيضاً.

AL-EPSALMODYA الإبصلـمودية

(A Greek word "psalmos" meaning "psalm or hymn.") This is the book of holy praises and carols performed as musical prayers in the daily liturgies of the dawn and night, also performed outside the church. (The book version shown here is only used in church.)

(كلمة يونانية «بصالموس» تعني «مزمور أو نشيد»). هو كتاب التسابيح اليومية والترانيم التي تؤدَى كصلوات موسيقية يومية في الفجر والمساء، سواءً في الكنيسة أو خارجها (يُستخدم الكتاب المعروض هنا داخل الكنيسة فقط).

AL-SYNAXAR السنكسار

(A Greek word "synaxarium" meaning "to bring together.") This collects the news and stories of Prophets, messengers, saints, and martyrs, arranged in the order of the anniversary of their martyrdom in the Egyptian calendar.

(كلمة يونانية «سيناكسيريوم» تعني «جامع» أي جامع السِيَر). هو الجامع لأخبار وسير الأنبياء، الرسل، الشهداء، والقديسين، المُرتبة حسب تاريخ ذكرى استشهادهم بالتقويم المصري.

HOLY WEEK BOOKS

Holy Week book (also known as the "Week of Pain" in Egypt) contains the prayers used in the services of Holy Week in church (using "The rituals of the Holy Week" books), in which we recall the most crucial stages of salvation and the story behind it (using "The order of the Holy Week" books). These books, with all their different designs, try to visualize the pain and sacrifice of Christ to us through emotional illustrations.

كتب أسبوع الآلام

يحتوي كتاب الأسبوع المقدس (يُعرف أيضاً بإسم «أسبوع الآلام» في مصر) على الصلوات التي نصليها في الكنيسة خلال أسبوع الآلام (باستخدام كتب «طقس أسبوع الآلام»)، حيث نتذكر به القصة وراء هذا الأسبوع وأهم مراحل الخلاص (باستخدام كتب «ترتيب أسبوع الآلام»). هذه الكتب بتصاميمها وطبعاتها المختلفة تحاول أن تساعدنا على تصور ألم وتضحية السيد المسيح من خلال رسومات عاطفية تحرك المشاعر.

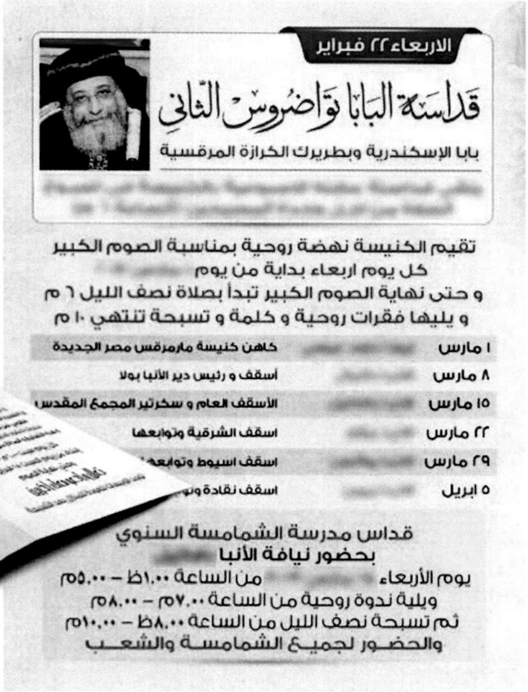

CHURCH FLYERS

These flyers are a simple way for the church to communicate with us and announce upcoming church events. They are used, for example, to congratulate us on the upcoming holidays, invite us to activities, or announce the cycles of prayer times. They are designed by church volunteers, independently and free of charge, and therefore they have no specific design template. The end result is reviewed by the church priests before publishing.

نشرات الكنيسة

إن تلك النشرات الصغيرة هي طريقة سهلة لكي تتواصل الكنيسة معنا وتعلن عن المناسبات والأنشطة الجديدة القادمة. على سبيل المثال، تُستخدم تلك التصاميم لتهنئتنا بالأعياد المقبلة، أو لدعوتنا للأنشطة، أو للإعلان عن وقت دوائر الصلاة. يُصممها أبناء الكنيسة المخلصين بطريقة مجانية ومستقلة ولهذا نلاحظ عدم إتباع هذه التصاميم أي نهج بصري محدد. يتم عرض التصميم الأخير على آباء الكنيسة قبل النشر لأخذ الموافقة.

GIVEAWAYS

These free prints are distributed among church visitors to remind us of faith, love and morals. It features religious content, such as pictures of our saints and martyrs that are distributed in church on their festivals or generally throughout the year. It also features verses from the Bible and the words of our dignitaries.

الهـدايــا

تلك التصاميم هي عبارة عن مطبوعات مجانية توزع على زوار الكنيسة ليذكروننا مـن خلالهـا بالإيـمان والحب والعظات الحميـدة، وتعـرض محتـوى روحـاني مثـل صـور للقديسـين والشهـداء التـي يـتم توزيعهـا في الكنيسـة سـواءً في أعيـادهم أو بشـكل عـام عـلى مـدار السـنة. تحتـوي أيضاً هـذه الهـدايا عـلى آيات مـن الإنجيل أو كلـات الأجـلاء.

REPRESENTATIONS OF HOLY FIGURES

The representation of Christian holy figures can be painted by Egyptian artists, or can arrive as finished paintings (mostly as digital images) by non-Egyptian artists from abroad. Therefore, we can find illustrations of characters having Western rather than Eastern features (e.g. illustrations of Jesus with blonde hair). The Egyptian Orthodox Church tends to use the Coptic style in illustrations, in addition to some Italian and Greek styles.

تجسيد الشخصيات المقدسة

يتم تصوير رسومات الشخصيات المسيحية المقدسة في مصر على يد فنانين مصريين وبأسلوبهم الخاص، أو قد تأتي تلك الرسومات من خارج البلاد جاهزة على يد فنانين غير مصريين (وتكون غالباً بشكل صور رقمية). ولذلك قد نرى صور رسومات لشخصيات دينية منتشرة بشدة في مصر ولكن بملامح وتصورات غربية بدلاً من شرقية (مثل تصوير يسوع المسيح بشعر أشقر). تميل الكنيسة الأرثوذوكسية المصرية إلى استخدام الأسلوب القبطي في الرسم، بينما ترحب أيضاً بلوحات بعض من الأساليب الفنية الإيطالية واليونانية.

كتب

3.2 / ٣.٢

BOOKS

REQUIREMENTS TABLE | **جدول الضروريات**

أن تعلن	أن توصل المعلومات	أن تُعرِّف	أن تُعبر عن أفكارك	أن تعمل
TO ADVERTISE	TO INFORM	TO MARK	TO EXPRESS IDEAS	TO FUNCTION

In this section, we present a sample of contemporary book designs in Egypt, focusing on Arabic fiction and non-fiction (novels, stories and comics), since they are mainstream and affordable among readers in Egypt. The books presented here are typical in design and widespread, revealing how Egyptians tell and express their stories using text and graphic elements, especially in fantasy and mystery novels.

يعرض هذا القسم عينة من الكتب المعاصرة في مصر واخترنا هنا بالتحديد الروايات والقصص باللغة العربية، الواقعية منها والخيالية، (كالقصص، والروايات، والقصص المصورة)، لأن تلك الأنواع سائدة بين مختلف أنواع القراء في مصر وسعرها في متناول اليد. نعرض هنا الأشكال الأكثر انتشاراً ونموذجية في التصميم من تلك الكتب، وتوضح هذه الكتب، خاصةً الروايات الخيالية والغامضة، كيف يروي المصريون ويعبرون عن قصصهم باستخدام الكلمات والعناصر الجرافيكية.

منى سلامة
منى سلامة
عصير الكتب للنشر والتوزيع
حسن الجندي
الجزار
اكتب للنشر والتوزيع
الطبعة
7
جلال الدين الرومي
بين الصوفية وعلماء الكلام
عناية الله إبلاغ الأفغاني
الدار المصرية اللبنانية

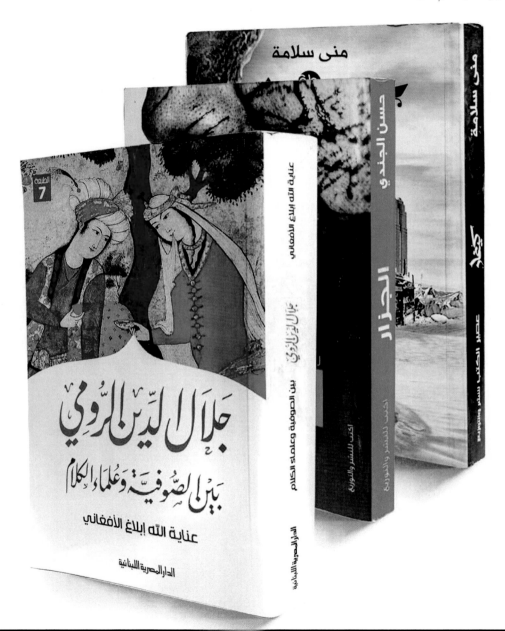

COMICS AND STORIES

قصص مُصوَّرة وقصيرة

BOLD TITLE
عنوان بخط عريض

CENTRAL IMAGE OR ILLUSTRATION
رسمة أو صورة رئيسية

SONG-LYRICS BOOK OF THE SINGER TAMER HOSNY
كتاب لكلمات أغاني المطرب تامر حسني

CONTEMPORARY NOVELS COVERS

أغلفة روايات معاصرة

INTERNAL PAGES

صفحات داخلية

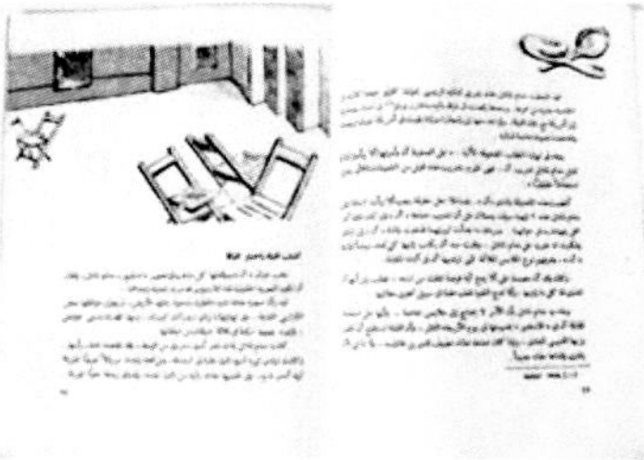

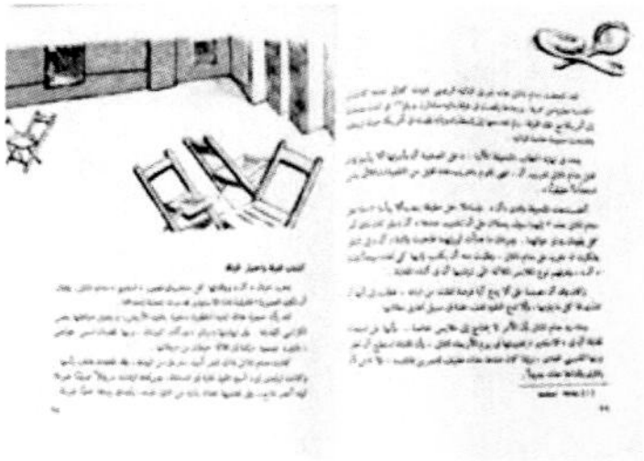

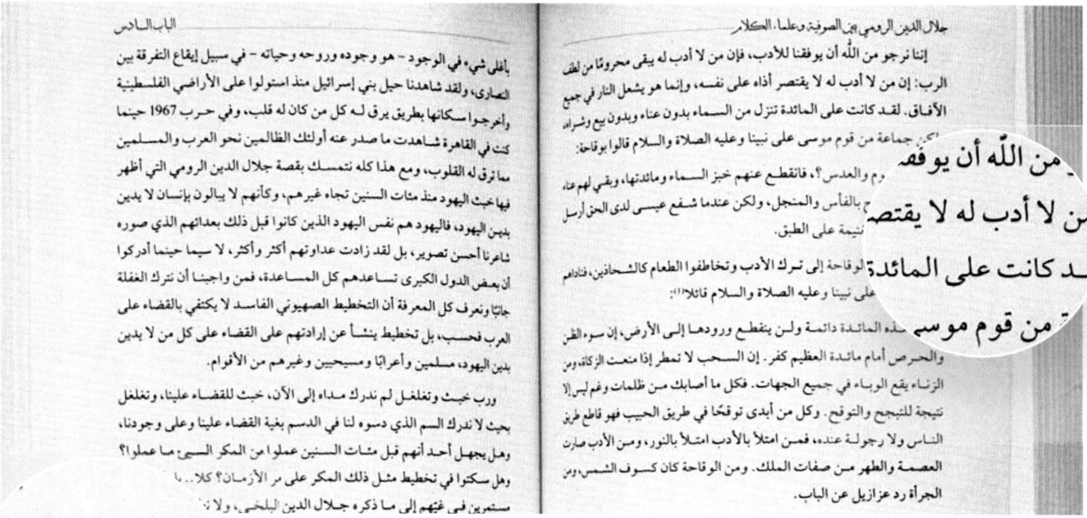

جلال الدين الرومي بين الصوفية وعلماء الكلام

إننا نرجو من الله أن يوفقنا للأدب، فإن من لا أدب له يبقى محرومًا من لطف الرب: إن من لا أدب له لا يقتصر أذاه على نفسه، وإنما هو يشعل النار في جميع الآفاق. لقد كانت على المائدة تنزل من السماء بدون عناء وبدون بيع وشراء، لكن جماعة من قوم موسى على نبينا وعليه الصلاة والسلام قالوا بوقاحة:

...وم والعدس؟، فانقطع عنهم خبز السماء ومائدتها، وبقي لهم عناء ...ح بالفأس والمنجل، ولكن عندما شفع عيسى لدى الحق أرسل ...نيمة على الطبق.

...لوقاحة إلى ترك الأدب وتخاطفوا الطعام كالشحاذين، فنادام ...على نبينا وعليه الصلاة والسلام قائلاً[1]:

...هذه المائدة دائمة ولن ينقطع ورودها إلى الأرض، إن سوء الظن والحرص أمام مائدة العظيم كفر. إن السحب لا تمطر إذا منعت الزكاة، ومن الزناء يقع الوباء في جميع الجهات. فكل ما أصابك من ظلمات وغم ليس إلا نتيجة للتبجح والتوقح. وكل من أبدى توقحًا في طريق الحبيب فهو قاطع طريق الناس ولا رجولة عنده، فمن امتلأ بالأدب امتلأ بالنور، ومن الأدب صارت العصمة والطهر من صفات الملك. ومن الوقاحة كان كسوف الشمس، ومن الجرأة رد عزازيل عن الباب.

الباب السادس

بأغلى شيء في الوجود - هو وجوده وروحه وحياته - في سبيل إيقاع التفرقة بين النصارى، ولقد شاهدنا حيل بني إسرائيل منذ استولوا على الأراضي الفلسطينية وأخرجوا سكانها بطريق يرق له كل من كان له قلب، وفي حرب 1967 حينما كنت في القاهرة شاهدت ما صدر عنه أولئك الظالمين نحو العرب والمسلمين مما ترق له القلوب، ومع هذا كله نتمسك بقصة جلال الدين الرومي التي أظهر فيها خبث اليهود منذ مئات السنين تجاه غيرهم، وكأنهم لا يبالون بإنسان لا يدين بدين اليهود، فاليهود هم نفس اليهود الذين كانوا قبل ذلك بعدائهم الذي صوره شاعرنا أحسن تصوير، بل لقد زادت عداوتهم أكثر وأكثر، لا سيما حينما أدركوا أن بعض الدول الكبرى تساعدهم كل المساعدة، فمن واجبنا أن نترك الغفلة جانبًا ونعرف كل المعرفة أن التخطيط الصهيوني الفاسد لا يكتفي بالقضاء على العرب فحسب، بل تخطيط ينشأ عن إرادتهم على القضاء على كل من لا يدين بدين اليهود، مسلمين وأعرابًا ومسيحيين وغيرهم من الأقوام.

ورب خبث وتغلغل لم ندرك مداه إلى الآن، خبث للقضاء علينا، وتغلغل بحيث لا ندرك السم الذي دسوه لنا في الدسم بغية القضاء علينا وعلى وجودنا، وهل يجهل أحد أنهم قبل مئات السنين عملوا من المكر السيئ ما عملوا؟ وهل سكتوا في تخطيط مثل ذلك المكر على مر الأزمان؟ كلا... مستمرين في غيهم إلى ما ذكره جلال الدين البلخي، ولا ...

أحمد: أهلا بك ضابط أشرف.

انحرفت السيارة فى طرق أسفلتى ضيق متفرع من الطريق الرئيسى.. ويقطع الصحـ... فى مسار طويل.. ليس به علامة واحدة ولا تنمو على جانبيه أشجار ولا نباتات.

وبعد أقل من ربع الساعة.. اضاءت الإ... الحمراء مرة أخرى على تابلوه السيارة.. و... ساعته اشارات متقطعة.. أخذت تزداد سر... ترددتها.. حتى ظهر منحدرا فى نهـ... الطريق.. حمل السيارة إلى كهف مظلم... يظهر منه إلا شريط ضوء أزرق أعلى حا... الأيمن.. انتهى بسهم ملتوى مضىء انحر... السيارة معه.. لتغرق فى فيض من الضـ... وسط العديد من السيارات الفارهة والمصفحة.

واستقبلهما ضابط فى زيه العسكرى.. ... بفتح الباب لـ«أحمد».. وسار أمامه حتى ... بابا خشبيا ضخما.. تتدلى على جا...

٣٤

انحرفت السيارة فى طريق اسفلتى ضيق.. متفرع من الطريق الرئيسى.. ليس به علامة واحدة.

٣٥

TITLES

عناوين

لماذا كتبت هذه القصة؟

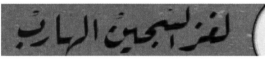

ILLUSTRATIONS

رسومات

جرائد

3.3 / ٣.٣

NEWSPAPERS

REQUIREMENTS TABLE

جدول الضروريات

أن تعلن	أن توصل المعلومات	أن تُعرِّف	أن تُعبر عن أفكارك	أن تعمل
~~TO ADVERTISE~~	TO INFORM	~~TO MARK~~	~~TO EXPRESS IDEAS~~	~~TO FUNCTION~~

The front page of the newspaper creates the first impression and attracts the audience to buy it. On this page we find the most relevant elements in the eyes of the editors and the public, whether visually (e.g. the use of certain colors) or intellectually (e.g. content of the front page news). In the following pages, we will see newspaper designs where the grid system is not strictly adhered to and where the four colors of the Egyptian flag are not necessarily used. The latter is true especially in newer newspapers.

تكون الصفحة الأمامية للجريدة الانطباع الأول الذي يجذب القارئ لشرائها. في هذه الصفحة نرى أكثر العناصر أهمية بالنسبة لمحرري الجريدة والمجتمع، سواء كانت عناصر مرئية (مثل استخدام ألوان معينة) أو عناصر فكرية (مثل اختيار وتنسيق الأخبار الأكثر أهمية). في الصفحات القادمة، سنتعرف أكثر على تصاميم الجرائد ونرى جرائد لا تلتزم بنظام تقسيمها الشبكي وجرائد أخرى لا تستخدم بالضرورة ألوان العلم المصري، ونرى الأخير خاصةً في الصحف الجديدة.

نظام التقسيم الشبكي وأخطاؤه

بشروط و اجراءات سهلة وميسرة

رئيس التحرير
محمد عبدالهادى علام

٢٢ صفحة ٢٠٠ قرش

الأهرام

رئيس مجلس الإدارة
أحمد السيد النجار

تمويل المشروعات الصغيرة والصغيرة جدا

www.ahram.org.eg

Al-Ahram

«ثانا.. حطى السبعين»

إعلان الأزهر.. يرفض مصطلح الأقليات ويتمسك بالمواطنة

كرى: مصر حققت قفزة فى التحول الديمقراطى رغم التحديات

الخارجية توضح أسباب عدم التصويت على قرار معاقبة سوريا

اليوم

تعاون مصرى ـ روسى فى التصنيع المدنى والعسكرى

الرئيس يؤكد قوة وتميز العلاقات بين البلدين

قمة مصرية ـ ألمانية بالقاهرة اليوم

برشلونة يفوز بالستة..
ورونالدو ينقذ الريال

جمهور الإسماعيلى يهين لاعبيه

الأهلى يعيد اكتشاف عمرو جمال

عودة الهدوء للزمالك.. وهزيمة مدوية للطلائع

منتخب الشباب ... المستوى فى امم افريقيا

البابا تواضروس: أخواتنا المسلمون يتعرضون لنفس العنف

الأهرام المسائى

أحمد السيد النجار

6 لقاءات فى زيارة الـ 28 ساعة اليوم للمستشارة الألمانية

ملفات التعاون الاقتصادى ومواجهة الإرهاب تتصدر مباحثات السيسى وميركل

لقاء موسع للزعيمين بالاتحادية تسبقه جلسة مغلقة.. وملتقى لرجال الأعمال مساء اليوم يبحث تنفيذ حزمة مشروعات مشتركة

امتحانات الثانوية 4 يونيو

تيسيرات جديدة للمستثمرين والشركات خلال 10 أيام

GRID SYSTEM AND ITS ERRORS

جريدة السيارات

CAR NEWSPAPER

د. احمد المخزنجي
يكتب: بلغة الإشارة

«الوزراء» يوافق على لائحة «الخدمة المدنية»، ويغلظ عقوبات الاحتكار

نائب «تعديل الدستور».. يسحب
مقترحه: نزولا على رغبة مواطنين

مد مهلة سداد مديونيات السياحة
واستمرار مناقشة «التأمين الصحي»

«الغضب» يتصاعد ضد «حرب البرلمان» على الصحافة

«الصاعقة» تقتحم معازل «بيت المقدس» فى مزارع العريش

وزير المالية: ا. جداول زمنية ارفع الدعم عن
الوقود.. والموازنة أمام «النواب» 31 مارس

إعادة استجواب مأمور «شبرا» ونائبه فى قضية السلاح وإخلاء سبيل ضابطين

MODERN NEWSPAPERS

TYPE STYLES

أنماط الخطوط

بدء تطبيق «التأمين الصحى الشامل» خلال ٢٠١٧

«معيط»: الدراسة الاكتوارية منتصف مارس.. و«عماد الدين»: التكلفة ١٢٠ مليار جنيه.. و«الوزراء»:

«الوزراء» يوافق على لائحة «الخدمة المدنية» ويغلظ عقوبات الاحتكار

مد مهلة سداد مديونيات السياحة

داخل العدد ملحق مجانى ٢٦ صفحة

نائب «تعديل الدستور» يسحب

ملفات التعاون الاقتصادى ومواجهة الإرهاب تتصدر مباحثات السيسى وميركل

لقاء موسع للزعيمين بالاتحادية تسبقه جلسة مغلقة.. وملتقى لرجال الأعمال مساء اليوم يبحث تنفيذ حزمة مشروعات مشتركة

كتب - وائل سعد وسحر المكاوى وماهر هنداوى:

تصدّر مشروع قانون التأمين الصحى الشا
ولائحة قانون الخدمة المدنية جدول أع
مجلس الـوزراء، فى اجتماعه برئاسة المهند
شريف إسماعيل، أمس، كما اتخذ المجلس
قرارات مهمة. وقال الدكتور محمد معيط، نا
وزير المالية، إن مجلس الوزراء ناقش مشر
قانون التأمين الصحى الشامل فى نظامه الجد
وأضاف فى مؤتمر صحفى بمقر المجلس أنه جر
استعراض فلسفة القانون الجديد.
وأوضح «معيط» أنه سيتم إنشاء ٣ هيئ
عامة لمتابعة التأمين الصحى، وهى «هيئة الرع
الصحية، وهيئة الاعتماد والجودة، وهيئة التمويل
وذكر أن الدراسة الاكتوارية لمشروع القانو
ستكتمل منتصف مارس الجارى، وأن مجل
الوزراء سيواصل الأسابيع المقبلة استكمال مناقش
القانون. وقال الدكتور على حجازى، رئيس هي
التأمين الصحى، إن القانون الشامل سيؤدى إ
إلغاء العلاج على نفقة الدولة تدريجياً، موضحاً أ
سيتم خصم ١٪ من مرتب الموظف نظير الاشترا
فى الخدمة، كما أن الدولة تتحمل ... الأعبا
غير القادرين وهم ٣٠٪ من
وكشف الدكتور أحمد ع
لـ«الوطن»، عن أن تطبي

تعاون مصرى - روسى فى التصنيع المدنى والعسكرى

رينو ميجان Grand Coupe

«إعلان الأزهر» يرفض مصطلح الأقليات ويتمسك بالمواطنة

■ كتبت . مروة البشير: أكد الأزهر الشريف ضرورة التوقف عن استخدام مصطلح «الأقليات»، لأنه يوحى بالتمييز، وضرورة التمسك بالمواطنة والمساواة، وقال د. أحمد الطيب شيخ الأزهر فى «إعلان الأزهر للتسامح والعيش المشترك»، الذى تم ...لانه فى ختام المؤتمر الدولى «الحرية والمواطنة ...ع والتكامل»، إن المجتمعين من المسيحيين ...لمين فى مؤتمر الأزهر يعلنون أن الأديان كلها ...من الإرهاب بشتى صوره، وهم يدينونه أشد الإدانة ويستنكرونه أشد الاستنكار، وإنّ حماية المواطنين فى حياتهم وحرياتهم وممتلكاتهم وسائر حقوق مواطنتهم، صارت الواجب الأول للدول الوطنيّة.

من جانبه، أكد المستشار محمد عبدالسلام، مستشار الإمام الأكبر، أن هذا المؤتمر يأتى تجسيدا لإدراك الأزهر الشريف ومجلس حكماء المسلمين الدور الأهم الذى يجب أن تقوم به القيادات الدينية فى حفظ البشرية من الأخطار التى تتعرض لها.

[أخبار محلية ص٨]

نسخ
NASKH

رقمي
DIGITIZED

MAGAZINES AND NEWSPAPERS

There is a difference between display typography for magazines and for newspapers, although both are printed publications communicating the news. However, magazine typography, especially on the cover, uses an overwhelming number of graphic effects (outer strokes and drop shadows, and so on), which can be easily and quickly executed by digital software. Newspapers, by comparison, use mostly monochromatic design, with fewer typographic effects and an overall simpler design.

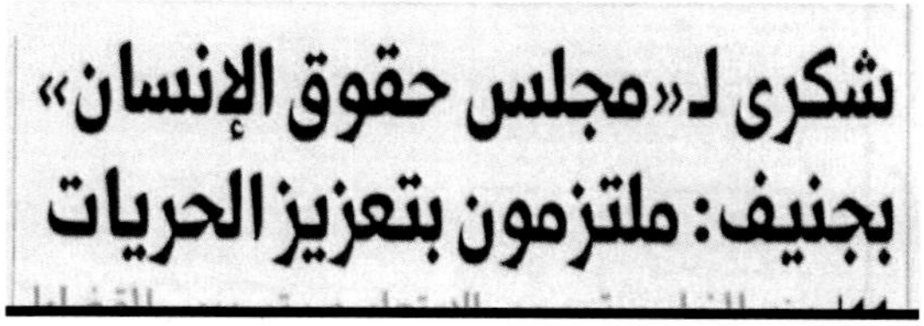

NEWSPAPERS جرائد

MAGAZINES مجلات

رقمي
DIGITIZED

مجلات وجرائد

يوجد اختلاف بين تصميم خطوط عناوين المجلات والجرائد، على الرغم من أن كلاهما منشورات مطبوعة تطلعنا على الأخبار، ولكن تصاميم خطوط عناوين المجلات، خاصةً المتواجدة على الغلاف، يستخدم فيها عدد هائل من الألوان والمؤثرات الجرافيكية (مثل خط التحديد أو الظلال، أو غيرها)، والتي تُسهل وتُسرع تنفيذها برامج التصميم الرقمية. بالمقارنة، تستخدم الجرائد لون واحد أساسي في التصميم وعدد أقل من المؤثرات الجرافيكية على الخطوط مما يشكل تصميم عام بسيط المظهر.

NEWSPAPER LOGOS

Most of these newspapers use the four colors of the Egyptian flag in their logos: red, white, yellow and black, which go well with the political and patriotic topics they discuss.

شعارات الجرائد

تستخدم غالبية هذه الجرائد في شعاراتها التجارية ألوان العلم المصري الأربعة: الأحمر، الأبيض، الأصفر، والأسود. وهو شيء يتوافق جيداً مع المواضيع السياسية والوطنية التي يتم مناقشتها.

MONOCHROME AD إعلان أحادي اللون

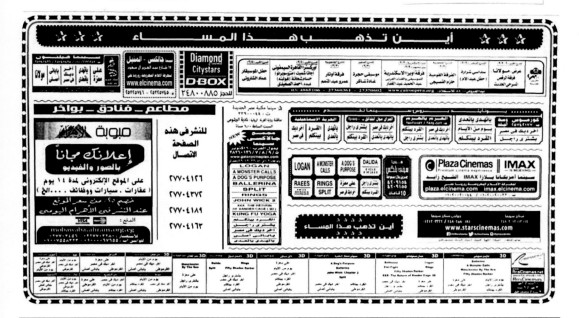

CARICATURE

كاريكاتير

على الله !!
الصرّاف
موظف

عزيزي المواطن المصري البسيط ..
بعد طول إنقطاع يعود إليكم بنجاح ساحق
.. الحلم الأمريكي !

المهنة باظت خلاص يا ست هانم ..
دلوقتي كل من هب ودب عاوز
يطبّل والسلام !
عم عبده للآلات الإيقاعية
نائب يقترح مد فترة الرئاسة لـ ٦ سنوات

ياااااه .. ده أنا كُنت ناسي
اليمن
!?

• شد دمين منهم السبب في تدهور البلاد •
مسؤول حكومي
إرهابي
مواطن بسيط
• الإجابة : المواطن البسيط طبعاً •

غريبة.. كل ما باشوف النار المولعة
في العراق وسوريا.. بابرد أكتر!!

وثائق يومية

3.4/٣.٤

EVERYDAY DOCUMENTS

REQUIREMENTS TABLE جدول الضروريات

أن تعلن	أن توصل المعلومات	أن تُعرِّف	أن تُعبر عن أفكارك	أن تعمل
TO ADVERTISE	TO INFORM	TO MARK	TO EXPRESS IDEAS	TO FUNCTION

Everyday documents are designs we live with as members of a society and a state, without usually noticing them. Daily applications are mainly categorised into two kinds: official applications such as formal governmental designs which we need to have to be able to live as citizens of a country (e.g. national ID, birth certificate, bills, currency, etc.), and non-official applications such as informal designs serving less vital requirements (e.g. tickets, calendars, etc.).

إن الوثائق اليومية هي التصاميم التي نتعايش من خلالها كأفراد في المجتمع بدون ملاحظتها. تقسّم تلك الوثائق بشكل رئيسي إلى نوعين وهما تطبيقات رسمية وغير رسمية. التطبيقات الرسمية هي تصاميم حكومية نحتاجها لنتمكن من العيش كمواطنين في الدولة (مثل بطاقة تحقيق الشخصية، شهادة الميلاد، الفواتير، العملة، والخ)، أما التطبيقات الغير رسمية فهي تصاميم غير رسمية تلبي ضروريات أقل حيوية من التطبيقات الرسمية (مثل تذاكر المواصلات العامة، التقويم اليومي، والخ).

اضحك تضحك لك الدنيا، ابكي تبكي وحدك

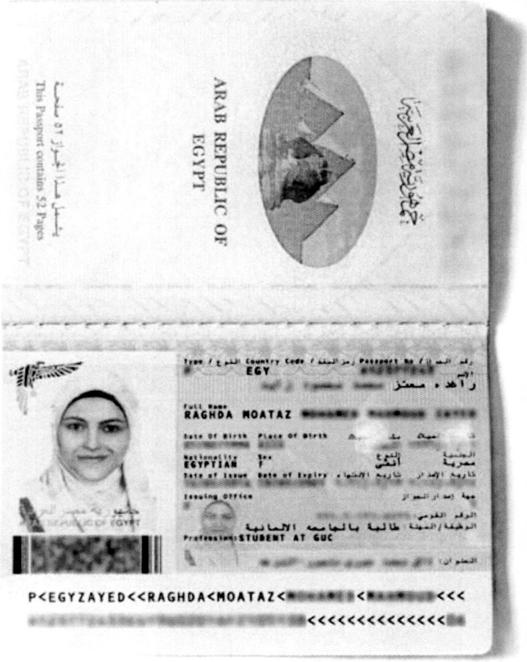

PASSPORT جواز سفر

3.4.1/٣.٤.١

وثائق رسمية

OFFICIAL DOCUMENTS

These documents are the applications every individual should possess to be acknowledged as a legitimate citizen so as to have privileges to perform certain tasks (e.g. a driver's license allows its owner to drive a vehicle). The ornaments used are not mainly decorative elements but functional ones, used for watermarking the documents to avoid forgery. For example, the pyramids on the national ID card and Islamic ornaments on the birth certificate are designed to reflect Egypt's history, culture and national identity.

إن هـذه الوثائـق هي التطبيقـات الـتي يجـب عـلى كل فـرد في الـدولة امتلاكهـا ليُعـتَرف بـه كمواطـن ولتكـون له صلاحيـات أداء مهـام معينـة (مثـل تمكـين رخصـة القيـادة مالكهـا مـن قيـادة سيارة). لا تعتـبر زخـارف هـذه الوثائـق عنـاصر جماليـة بشـكل أسـاسي، ولكنهـا عنـاصر عمليـة تعمـل كعلامـة مائيـة تحـمي مـن الـتزوير. تُعـبِّر مثـلاً الاهرامـات عـلى بطاقـة تحقيـق الشـخصية وعـلى رخصـة القيـادة، والزخـارف الإسـلامية عـلى شهـادة الميـلاد عـن التـاريخ والثقافـة المصريـة والهويـة الوطنيـة.

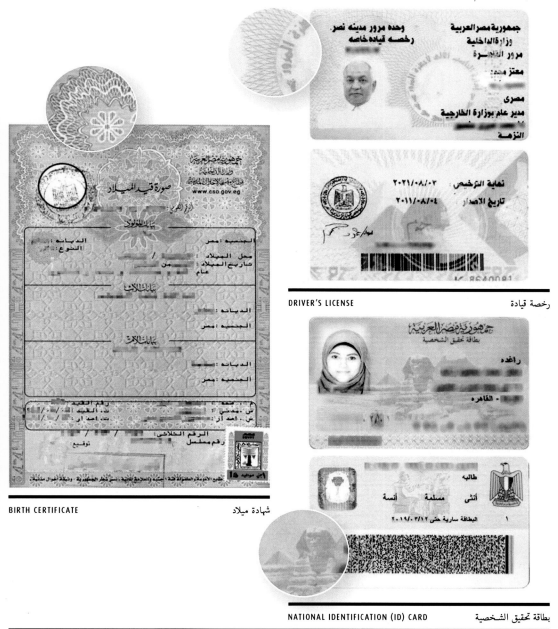

BIRTH CERTIFICATE — شهادة ميلاد

DRIVER'S LICENSE — رخصة قيادة

NATIONAL IDENTIFICATION (ID) CARD — بطاقة تحقيق الشخصية

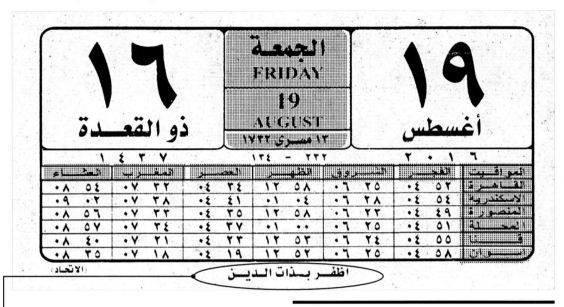

١٦
ذو القعدة

الجمعة
FRIDAY
19
AUGUST
١٣ مسرى ١٧٣٢

١٩
أغسطس

١ ٤ ٣ ٧ — ١٣٤ - ٢٣٢ — ٢ ٠ ١ ٦

المواقيت	الفجر	الشروق	الظهر	العصر	المغرب	العشاء
القاهرة	٠٤ ٥٢	٠٦ ٢٥	١٢ ٥٨	٠٤ ٣٤	٠٧ ٣٢	٠٨ ٥٤
الاسكندرية	٠٤ ٥٤	٠٦ ٢٨	٠١ ٠٤	٠٤ ٤١	٠٧ ٣٨	٠٩ ٠٢
المنصورة	٠٤ ٤٩	٠٦ ٢٣	١٢ ٥٨	٠٤ ٣٥	٠٧ ٣٣	٠٨ ٥٦
المحلة	٠٤ ٥١	٠٦ ٢٥	٠١ ٠٠	٠٤ ٣٧	٠٧ ٣٤	٠٨ ٥٧
قنا	٠٤ ٥٥	٠٦ ٢٤	١٢ ٥٣	٠٤ ٢٣	٠٧ ٢١	٠٨ ٤٠
اسوان	٠٤ ٥٨	٠٦ ٢٥	١٢ ٥٢	٠٤ ١٩	٠٧ ١٨	٠٨ ٣٥

(الاتحاد)

اظفر بذات الدين

LOCAL CALENDAR

تقويم يومي محلي

3.4.2/٣.٤.٢

وثائق غير رسمية

NON-OFFICIAL DOCUMENTS

These non-official documents show the most simple local designs that are direct in presenting information and economical in their design (mono-chromatic) and handwritten typography that gives the design a human touch. The design of this book is inspired by the daily calendar, which has one piece of advice for every day on every page, alongside the Islamic and Christian calendars, and the prayer timings. In this vein, this book gives its readers one piece of advice on each page.

تُبين الوثائق الغير رسمية التصاميم المحلية الأكثر بساطة، حيث نرى بساطتها في طريقة عرضها للمعلومات بوضوح مع تصميمها الاقتصادي (ذا اللون الواحد) وبعض خطوطها المكتوبة باليد والتي تعطي لمسة آدمية للتصميم. تصميم هذا الكتاب أخذ الإلهام من أحد هذه التصميات الغير رسمية، وهو تصميم التقويم اليومي، الذي يتميز بوجود نصيحة أسفل كل صفحة لكل يوم بجانب التقويم اليومي الإسلامي والميلادي ومواقيت الصلاة، وفي هذا السياق، يقدم هذا الكتاب نصيحة على كل صفحة.

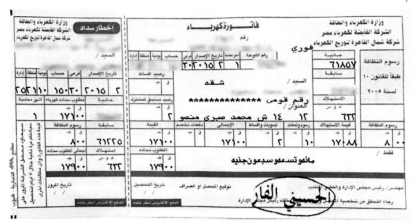

ELECTRICITY BILL   فاتورة كهرباء

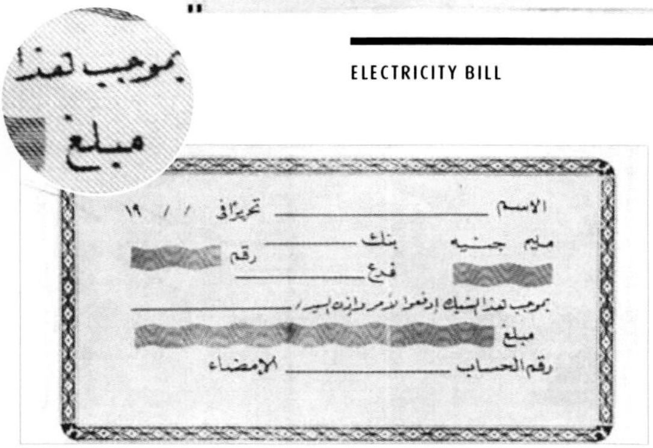

BANK CHECK   شيك بنكي

BUS TICKET   تذكرة ركوب الحافلة

CASH RECEIPT   إيصال استلام نقدية

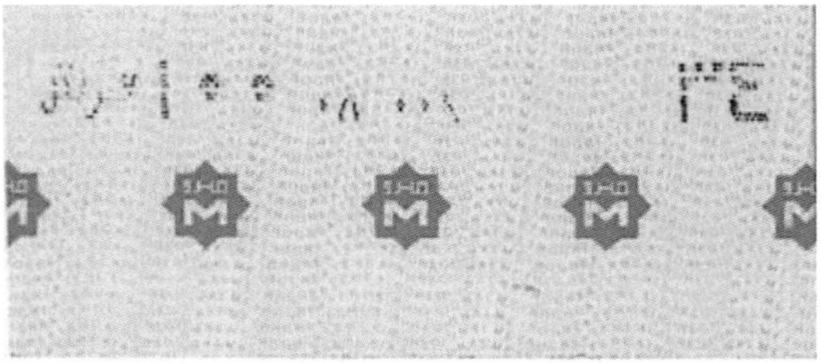

METRO (SUBWAY) TICKET   تذكرة مترو الأنفاق

عملة

3.5/٣.٥

CURRENCY

REQUIREMENTS TABLE

جدول الضروريات

أن تعلن	أن توصل المعلومات	أن تُعرِّف	أن تُعبر عن أفكارك	أن تعمل
TO ADVERTISE	TO INFORM	TO MARK	TO EXPRESS IDEAS	TO FUNCTION

The Egyptian currency consists of banknotes and coins using the Arabic and English languages. It is not only a medium of exchange but also a proud display of Egyptian history which we can see in the currency's ornaments, curves, patterns, choices of type styles, and illustrations. Currency is a unique object that is both highly functional and highly ornamented. However, it is not consistently designed: different banknotes sometimes share the same visuals or aspects, but these similarities are not systematically reproduced.

تعتمد العملة المصرية على الأوراق النقدية والعملات المعدنية المكتوبة باللغتين العربية والإنجليزية. إنها ليست فقط طريقة للصرافة وتبادل المنافع، ولكنها أيضاً وسيلة لعرض التاريخ المصري بكل فخر. بإمكاننا رؤية التاريخ المصري في عناصر تصميمها من زخارف وأنماط وأنواع الخطوط ورسومات. لذلك نرى أن تصميم العملة هو تصميم مثير للاهتمام، فهو شديد الزخرفة ولكن في نفس الوقت يؤدي وظيفة عملية. وعلى صعيد آخر، نرى أن تصميم العملة يفتقر إلى نظام توافقي للعناصر المرئية، حيث نرى بعض العناصر تتكرر على مدار التصميمات ولكن ليس بشكل منتظم وموحد.

Central Bank of Egypt
5
FIVE POUNDS
5

البنك المركزي المصري
خمسة جنيهات
المحافظ

CENTRAL BANK OF EGYPT
10
TEN POUNDS

البنك المركزي المصري
عشرة جنيهات
المحافظ

Central Bank of Egypt
20
TWENTY POUNDS
20

البنك المركزي المصري
عشرون جنيها
هشام رامز
المحافظ

CENTRAL BANK OF EGYPT
FIFTY POUNDS
50
L.E.
50
POUNDS

البنك المركزي المصري
خمسون جنيها
المحافظ

100
POUNDS
CENTRAL BANK OF EGYPT
ONE HUNDRED POUNDS
100
LE

البنك المركزي المصري
مئة جنيه
المحافظ
100

TYPE STYLES

Central Bank of Egypt
FIFTY PIASTRES

Central Bank of Egypt

TEN POUNDS

CENTRAL BANK OF EGYPT

TWENTY POUNDS

CENTRAL BANK OF EGYPT

FIVE POUNDS

TWO HUNDRED POUNDS

ONE HUNDRED POUNDS

FIFTY POUNDS

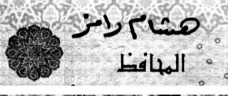

أنماط الخطوط

VALUE NUMBER DESIGNS

Here we can see the lettering of the value numbers of each different banknote. We can notice that each number is illustrated differently in terms of ornament, color and, sometimes, type style, even for the same banknote.

تصاميم رقم قيمة العملة

هنا، نعرض أشكال خطوط رقم القيمة المالية لكل الأوراق النقدية المختلفة. نلاحظ أنه يتم رسم كل رقم منها بطريقة مختلفة، من حيث الزخارف واللون وأحياناً نوع الخط المستخدم، حتى وإن كانت لنفس العملة.

EGP 200

٢٠٠ جنية

EGP 5

٥ جنية

EGP 50

PIASTRES 50

٥٠ قرشاً

EGP 10   ١٠ جنية

EGP 20   ٢٠ جنية

٥٠ جنية

EGP 100   ١٠٠ جنية

PHARAONIC ILLUSTRATIONS

Illustrations on Egyptian banknotes represent two eras of Egyptian history: the Pharaonic and the Islamic. The Pharaonic illustrations feature the most famous Pharaonic monuments, illustrated in perspective with watermark-like thin strokes, while carefully depicting the effects of the Egyptian sunlight in creating sharp shadows.

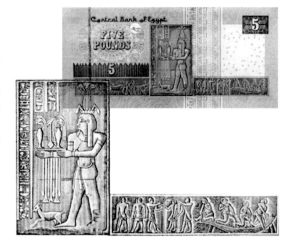

HAPI THE NILE GOD   الإله حابي إله النيل

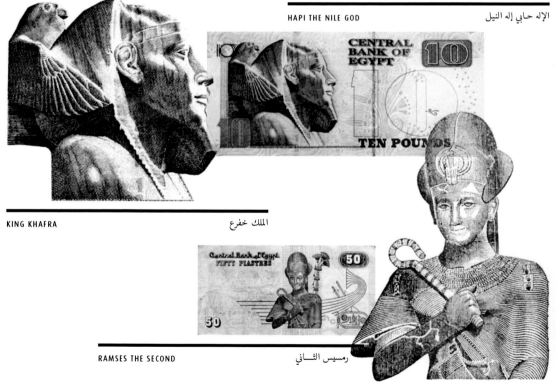

KING KHAFRA   الملك خفرع

RAMSES THE SECOND   رمسيس الثـاني

THE TEMPLE OF HORUS AT EDFU   معبد حورس في إدفـو

THE SPHINX   أبو الهـول

رسومات فرعونية

تُمثل الرسومات على الأوراق النقدية المصرية عصرين من التاريخ المصري، العصر الفرعوني والعصر الإسلامي. تُبين الرسومات الفرعونية أكثر المعالم الفرعونية شهرة، وتُرسم بطريقة ثلاثية الأبعاد باستخدام خطوط رفيعة كالعلامة المائية، ويلاحظ أن تلك الرسومات تبين بعناية تأثير ضوء الشمس المصرية بظلالها الحادة على المباني والمجسمات.

THE EGYPTIAN SCRIBE   الكاتب المصري

AHMAD IBN TULUN MOSQUE   جامع أحمد بن طولون

ISLAMIC ILLUSTRATIONS

The Islamic illustrations are on the Arabic side of the currency, featuring the most famous Islamic historical mosques, and Pharaonic illustrations are on the English side and in the same illustration style. These two eras are seen by the country's officials as the two faces of Egypt, while there are many under-represented important eras (e.g. the Coptic era).

EL-REFAIE MOSQUE   جامع الرفاعـــي

MOHAMED ALI MOSQUE   مسجد محمد علي

QANI-BAY MOSQUE   مسجد قانيباى الرماح

رسومات إسلامية

تقع الرسومات الإسلامية على الجهة العربية من العملة وتُبين أكثر المساجد التاريخية شهرة، بينما تقع الرسومات الفرعونية على الجهة الإنجليزية وبنفس أسلوب الرسم. يرى المسؤولون في مصر أن هذين العصرين هم الممثلين الرسميين للدولة في حين أنه لم يتم عرض عصور أخرى هامة (مثل العصر القبطي).

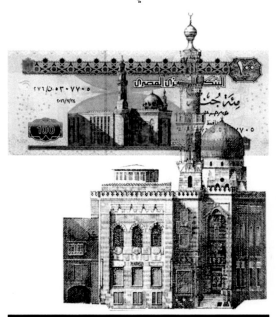

ABU HERIBA MOSQUE   مسجد أبو حريبة

AL-SULTAN HASSAN MOSQUE   مسجد السلطان حسن

طوابع

3.6/٣.٦

STAMPS

REQUIREMENTS TABLE

جدول الضروريات

أن تعلن	أن توصل المعلومات	أن تُعرِّف	أن تُعبر عن أفكارك	أن تعمل
TO ADVERTISE	TO INFORM	TO MARK	TO EXPRESS IDEAS	TO FUNCTION

Postage stamps have a long history and a large variety in Egypt. There are two main kinds of stamps: standard stamps and festive stamps. Standard stamps are used for postage services only, while festive stamps are mainly used to celebrate important individuals (e.g. the poet Ahmed Ramy), occasions (e.g. 150 years since the first Egyptian stamp), places (e.g. Jerusalem), institutions (e.g. Helwan University), festivals (e.g. Ismailia art festival), nature (e.g. flowers), and ideas (e.g. dialogue among cultures).

تحظى الطوابع البريدية بتاريخ طويل وتنوع كبير في مصر. يوجد نوعان رئيسيان من الطوابع: الطوابع التقليدية والطوابع الاحتفالية. تُستخدم الطوابع التقليدية بشكل أساسي في الخدمات البريدية، في حين أن الطوابع الاحتفالية تستخدم بشكل أساسي للاحتفال بالشخصيات الهامة (مثل الشاعر أحمد رامي)، وبالمناسبات (مثل مرور ١٥٠ عام على تصميم أول طابع بريدي)، وبالأماكن (مثل القدس)، وبالمؤسسات (مثل جامعة حلوان)، وبالاحتفالات (مثل مهرجان الإسماعيلية للفنون)،وبالطبيعة (مثل الورود)، وبالأفكار (مثل الحوار بين الثقافات).

STANDARD STAMPS   طوابع تقليدية

FESTIVE STAMPS   طوابع احتفالية

VECTOR DESIGNS

تصميمات جرافيكية (فيكتور)

PIXEL DESIGNS

CELEBRATING FIGURES

احتفال بالشخصيات

PHARAONIC DESIGNS

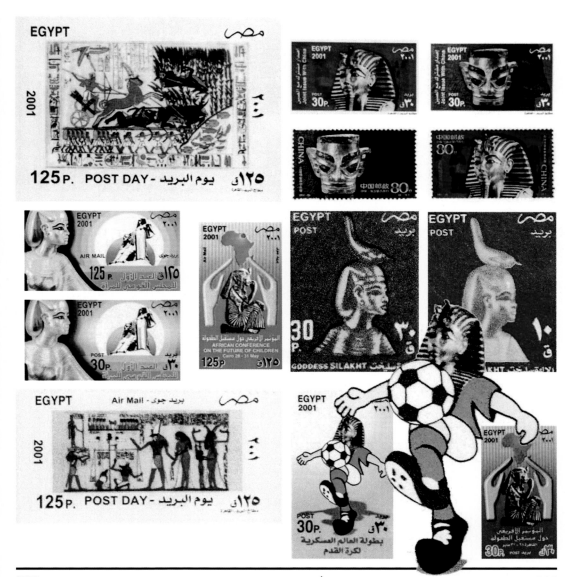

ILLUSTRATIONS AND BACKGROUNDS

رسومات وخلفيات

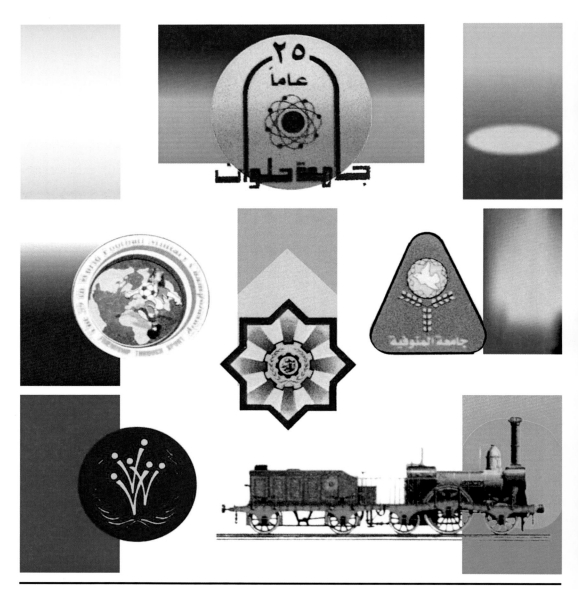

THE STAMP FRAME

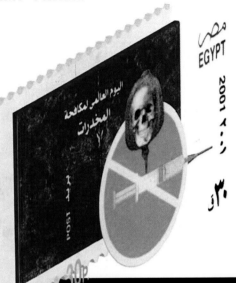

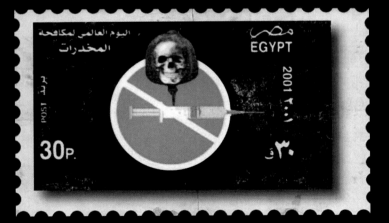

أنت تحدد مستقبلك، لا خلفيتك أو ماضيك

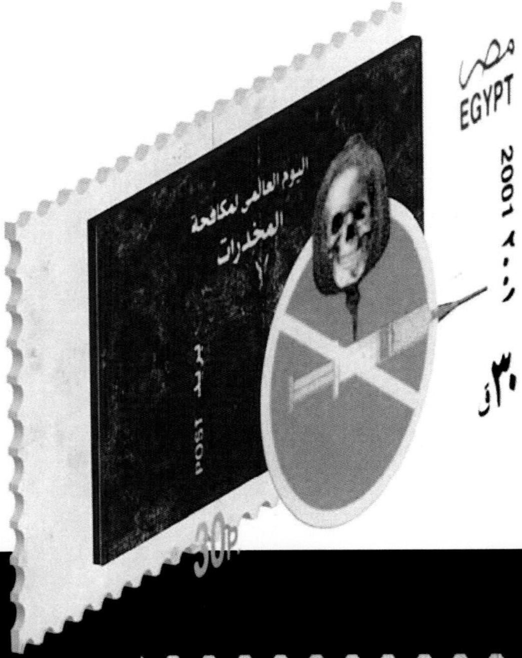

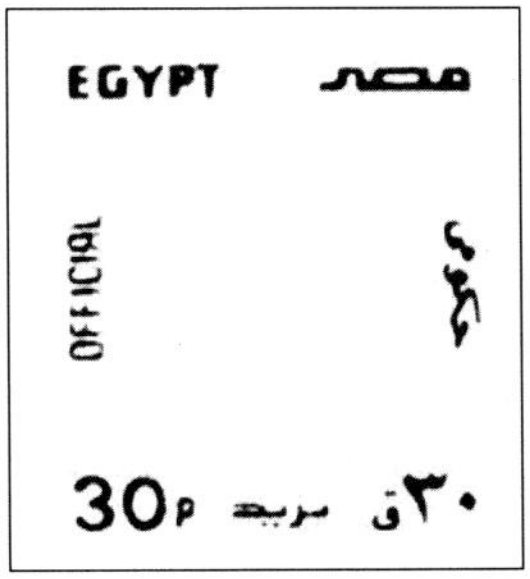

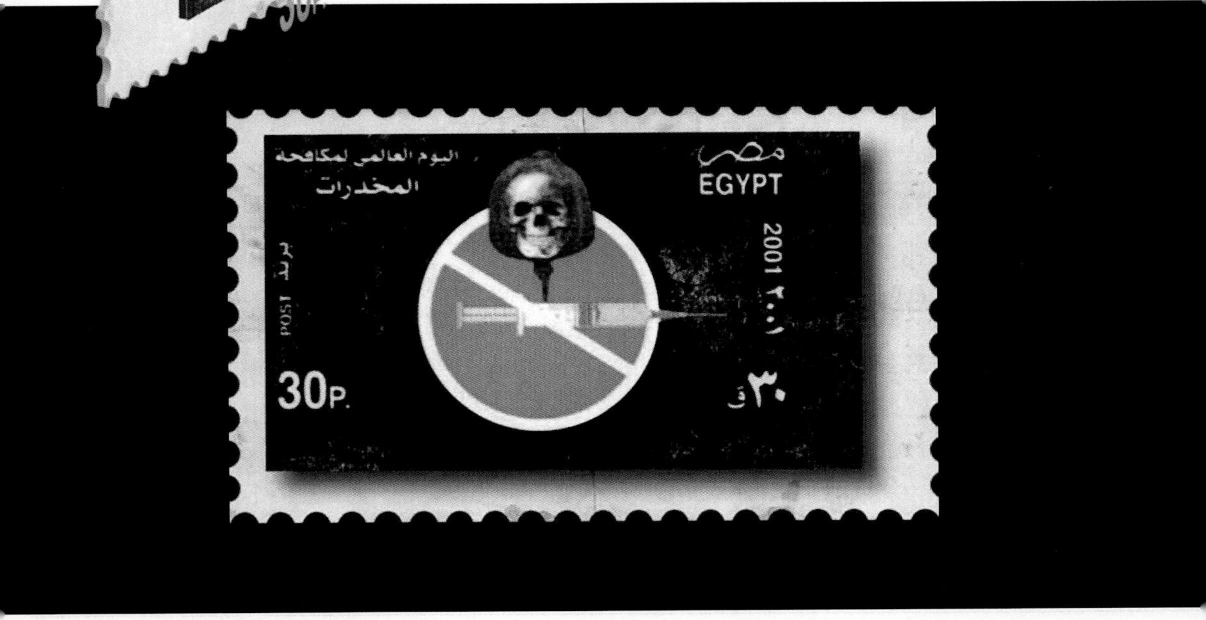

IT WAS A PLEASURE
HAVING YOU HERE

النّبي والله

دَحنا
زارنا

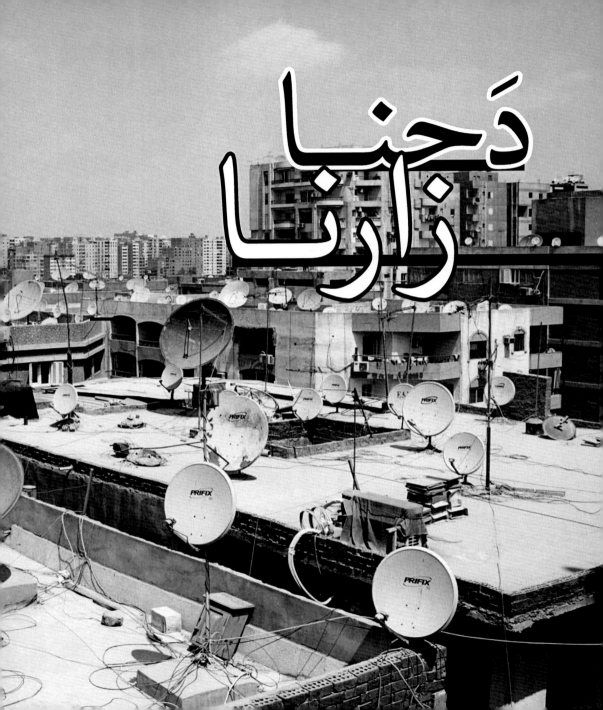

GUC
German University in Cairo

عن الجامعة الألمانية بالقاهرة

لم تكن الرؤية والفكرة وراء هذا المشروع لتنمو وتتحول إلى هذا الكتاب الذي تحمله بين يديك لولا الروح التعليمية المشجعة لكلية العلوم والفنون التطبيقية بالجامعة الألمانية بالقاهرة ومرشديها الأكاديميين. تعتبر الجامعة الألمانية بالقاهرة هي الجامعة الألمانية المتكاملة الأولى خارج ألمانيا وأوروبا، وتم تأسيسها في عام ٢٠٠٢. يعتبر إهداء هذا القسم فقط للإشادة بكلية العلوم التطبيقية والفنون يظلم مساهمات الجامعة، لأنها لا تكتفي بالتطلع إلى إنشاء مشاريع تضيف بها إلى العالم وحسب، بل تطمح أيضاً إلى أن تكون المركز الرائد للتميز في التدريس والبحث، وتساهم في تحقيق الرفاهية العامة على الصعيد المحلي والعالمي. إنها رؤية تحظى بها الجامعة الألمانية بالقاهرة وتحافظ عليها عبر دعم الأفكار الابتكارية في مختلف التخصصات في العلوم والفنون، من خلال التعاون مع الجامعات الحكومية الألمانية مثل جامعة أولم وشتوتغارت، المؤسسات التعليمية الحكومية مثل وزارة التعليم العالي المصرية والوزارة الاتحادية الألمانية للتعليم والبحوث والوزارة الألمانية للعلوم والبحوث والفنون في بادن-فورتمبيرغ والهيئة الألمانية للتبادل الثقافي وآخرين.

About the German University in Cairo

The vision and idea behind this project would not have grown into the book you hold in your hand without the encouraging and educational spirit of the Faculty of Applied Sciences and Arts at the German University in Cairo (GUC) and its academic mentors. The GUC is the first integrated German university outside Germany and Europe, founded in 2002. To dedicate only this section as a tribute to the Faculty of Applied Sciences and Arts is a great injustice to GUC's contributions, for it does not only aspire to create projects contributing to the public realm but also aims to be a leading center of excellence in teaching and research contributing to the general welfare nationally and internationally. It is a vision that GUC maintains and protects by supporting innovative ideas in different majors in the sciences and arts through its cooperation with German state universities, such as Ulm and Stuttgart, as well as governmental educational institutions—such as the Egyptian Ministry of Higher Education, the German Federal Ministry of Education & Research, the German Ministry of Science, Research & Arts in Baden-Württemberg, and the German Academic Exchange Service (DAAD)—among others.

This book was originally a bachelor project conducted at the German University in Cairo (GUC), Faculty of Applied Sciences and Arts, and was designed under the guidance of the first supervisor Philipp Paulsen, lecturer of graphic design at the GUC, and the second supervisor, Professor Sabine Müller, Professor of branding and communication at the GUC, in the spring semester of 2017.

كان هذا الكتاب في الأساس هو مشروع التخرج من البكالوريوس أجريَ في الجامعة الألمانية بالقاهرة بكلية العلوم والفنون التطبيقية، وأشرف على عمله الأستاذ الأول فيليب بولسون، محاضر التصميم الجرافيكي بالجامعة الألمانية بالقاهرة، والأستاذ الثاني البروفيسورة زابينه مولار، أستاذة تصميم الهويات التجارية والاتصالات بالجامعة الألمانية بالقاهرة، في الفصل الدراسي الربيعي لعام ٢٠١٧.

أوّل لقاء

خـــالص الشــكر...

إلى صديقي العزيز والمشرف على هذا المشروع الأستاذ فيليب بولسون. شكرا لإيمانك بي ودعمك الدائم لهذا الكتاب الذي يشهد على كرمك كمعلم يعطي الكثير والكثير. لقد كان لي شرف وفخر التعلم منك والعمل معك كل يوم. شكري لك ليس كافياً أبداً، يا صديقي. وشكر خاص لإيدو سميتسهوزن وهدى سميتسهوزن أبي فارس من دار النشر «خط بوكس»، للإيمان بهذا الكتاب ودعم المصممين في وطننا العربي، وخاصةً لإيدو سميتسهوزن الذي تحلى بالصبر والشغف سعياً لإرشاد مصممة صغيرة نحو تحويل طريقة تفكيرها وكتابتها إلى شكل أكثر احترافاً ونضوجاً. وشكر خاص للبروفيسورة زابينه مولار المعلمة التي دفعت بطالبة بكالوريوس لكتابه كتابها الأول، وللأستاذة جينا ناجي أستاذة تجليد الكتب التي أشرفت بحِرفيَّة على إنتاج هذا الكتاب للمرة الأولى، وأخيراً وليس آخراً، رئيس الجامعة الألمانية بالقاهرة البروفيسور الدكتور ياسر حجازي الذي يشجع الطلاب دائماً لدفع مشاريعهم خارج الجدران الاكاديمية. المزيد من الشكر لأحمد سقف الحيط، محمود الرفاعي الديب، هنا مدحت عبد الهادي، أحمد رشدي، مع مساهمات ودعم يوخين براون، فيليب نويْمان، رامي خليل، ريجينا راميلت، ريمون مدحت عزمي، سالي سكيريت، ياسر نظمي، المجتمع القبطي الأرثوذكسي ومكتبة جامعة الأزهر الشريف. وشكراً لكل من رأى امرأة طموحة تحلم أحلاماً كبيرة واختار أن يشجعها بدلاً من قول الحقيقة.

Sincere thanks...

To my very dear supervisor and friend, Philipp Paulsen. Thank you for believing in me and for your unconditional support for this book that testifies to your generosity as an educator. It was truly an honor and privilege to learn and work with you every single day. Thanks will never be enough, my friend. Special thanks to Edo Smitshuijzen and Huda Smitshuijzen AbiFarès of Khatt Books for believing in this book and relentlessly supporting designers in our Arab world, especially Edo Smitshuijzen who very patiently and passionately sought to guide a young designer into transforming her mindset and publication into a more professional and mature one; Professor Sabine Müller, the educator who pushed a bachelor student into writing her very first book; instructor Gina Nagy, the bookbinding guru who helped this book take its first physical form, and last but not least Professor Dr. Yasser Hegazy, the GUC president with the great character who always motivates his students to push their projects outside the academic walls. Further thanks to Ahmad Saqfalhait, Mahmoud El-Refaie El-Deeb, Hana Medhat Abdelhadi, Ahmed Roshdy, with the contributions of Jochen Braun, Philipp Neumann, Rami Khalil, Regina Rammelt, Remone Medhat Azmy, Sally Skerrett, Yasser Nazmy, the Egyptian Orthodox community, and Al-Azhar University library. Finally, thanks to whoever saw an ambitious woman dreaming big and chose to encourage her instead of telling her the truth.

المراجع والمصادر
REFERENCES AND SOURCES

الشـــارة
COLOPHON

Arabic terminology reference
Ambrose, Harris. Visual Dictionary of Graphic Design.
Fairchild Books, 2006. Arabic Edition. Amman:
Jabal Amman Publishers, 2016.
Introduction
www.cairo.gov.eg
www.worldpopulationreview.com
Mehrez, Samia. The literary atlas of Cairo: One
Hundred Years on the Streets of the City. Cairo:
Dar El Shorouk, 2012.
Type styles Categorizations
Smitshuijzen AbiFarès, Huda. Arabic Typography, a
Comprehensive Sourcebook. London: Saqi Books, 2001.
Smitshuijzen, Edo. Arabic Font Specimen Book.
Amsterdam: Uitgeverji de Buitenkant, 2009.
Script styles tags revision
Arab calligrapher Mohamed Hassan
The symbol of the country, p. 57
www.almasryalyoum.com
The Fava Bean icons, p. 86
www.flaticon.com
Street nameplate, p. 102
Ellabad, Mohieddine. The Tales of Calligraphers.
First edition. Cairo: Dar El Shorouk, 2013.
Egyptian statistics of religions, p. 171
www.nationsencyclopedia.com
The Islamic section, pp. 172 – 181
Dr. Mostafa Mohamed Abo Emara, Professor of
"Al-Hadith and its studies" in Al-Azhar University.
The Christian section, pp. 182 – 191
www.st-takla.org

Copyright © 2020 Raghda Moataz

Copyright © 2020 Khatt Books
Dirk Schäferstraat 35-III
1076 BB, Amsterdam
The Netherlands
www.khattbooks.com

Design, writing, research and illustration:
Raghda Moataz
Supervision: Philipp Paulsen
Editing: Edo Smitshuijzen, Huda Smitshuijzen AbiFarès
English copy editing: Ally Oakes
English proofreading: Hana Medhat Abdelhadi
Arabic translation: Ahmed Roshdy
Photography: Raghda Moataz, with Mahmoud El-Refaie
Photo-editing: Edo Smitshuijzen, Raghda Moataz
This book is set in the following fonts, for the Latin: Roboto Regular, light. FF Dax OT Condensed Medium, Condensed Extrabold, **for the Arabic:** Adobe Naskh Medium
Printing & Binding: NBD Biblion Netherlands
Contact: absoluteegyptbook@gmail.com

ISBN: 9789490939199